少年读儒家经典

少年读礼记

姜忠喆　主编

民主与建设出版社
·北京·

图书在版编目（CIP）数据

少年读礼记/姜忠喆主编 . —— 北京 : 民主与建设
出版社，2020.7
（少年读儒家经典；4）
ISBN 978-7-5139-3075-8

Ⅰ . ①少… Ⅱ . ①姜… Ⅲ . ①礼仪 - 中国 - 古代
②《礼记》- 少年读物 Ⅳ . ① K892.9-49

中国版本图书馆 CIP 数据核字（2020）第 102734 号

少年读礼记
SHAONIAN DU LIJI

主　　编	姜忠喆	
责任编辑	刘树民	
总 策 划	李建华	
封面设计	黄　辉	
出版发行	民主与建设出版社有限责任公司	
电　　话	（010）59417747　59419778	
社　　址	北京市海淀区西三环中路 10 号望海楼 E 座 7 层	
邮　　编	100142	
印　　刷	三河市燕春印务有限公司	
版　　次	2020 年 8 月第 1 版	
印　　次	2020 年 8 月第 1 次印刷	
开　　本	850mm × 1168mm　1/32	
印　　张	5 印张	
字　　数	134 千字	
书　　号	ISBN 978-7-5139-3075-8	
定　　价	198.00 元（全六册）	

注：如有印、装质量问题，请与出版社联系。

前言

　　《礼记》又名《小戴礼记》，儒家经典之一，一般认为是西汉礼学家戴圣编定的。

　　《礼记》49篇分属于制度、通论、明堂阴阳、丧服、世子法、祭祀、乐记、吉事等，它阐述的思想，包括社会、政治、伦理、哲学、宗教等各个方面，其中《大学》《中庸》《礼运》等篇有较丰富的哲学思想。东汉末年，著名学者郑玄为《小戴礼记》作了出色的注解，后来这个本子便盛行不衰，并由解说经文的著作逐渐成为经典，"到唐代，礼有周礼、仪礼、礼记，春秋有左传、公羊、谷梁，加上论语、尔雅、孝经，这样是十二经；宋明又增加入孟子，于是定型为十三经"，为士者必读之书。

　　《礼记》全书多以散文撰成，一些篇章饶具文学价值。有的用短小的生动故事阐明某一道理，有的气势磅礴、结构谨严，有的言简意赅、意味隽永，有的擅长心理描写和刻画，书中还收有大量富有哲理的格言、警句，精辟而深刻。

　　《礼记》不仅是一部记述规章制度的书，也是一部关于仁义道德的教科书。其中最有名篇章，有《大学》《中庸》《礼运》《檀弓》《王制》等。

《礼记》与《仪礼》《周礼》合称"三礼"，对中国文化产生过深远的影响，各个时代的人都从中寻找思想资源。

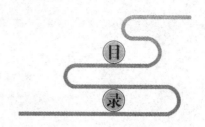

曲礼上

《曲礼》①曰：毋不敬，俨若思，安定辞，安民哉。

敖不可长②，欲不可从③，志不可满，乐不可极④。

贤者狎而敬之⑤，畏而爱之。爱而知其恶，憎而知其善。积而能散。安安而能迁⑥。临财毋苟得⑦，临难毋苟免。很毋求胜⑨，分毋求多。疑事毋质，直而勿有⑩。

若夫坐如尸，立如齐。礼从宜，使从俗。

夫礼者，所以定亲疏、决嫌疑、别同异、明是非也。礼，不妄说人，不辞费。礼，不逾节，不侵侮，不好狎。修身践言，谓之善行。行修言道，礼之质也。礼，闻取于人，不闻取人。礼，闻来学，不闻往教。

道德仁义，非礼不成；教训正俗，非礼不备；分争辨讼，非礼不决；君臣上下，父子兄弟，非礼不定；宦学事师，非礼不亲；班朝治军，莅官行法，非礼威严不行；祷祠祭祀，供给鬼神，非礼不诚不庄。是以君子恭敬、撙节、退让以明礼。

鹦鹉能言，不离飞鸟；猩猩能言，不离禽兽。今人而无礼，虽能言，不亦禽兽之心乎？夫唯禽兽无礼，故父子聚麀。是故圣人作，为礼以教人，使人以有礼，知自别于禽兽。

大上贵德，其次务施报。礼尚往来，往而不来，非礼也；来而不往，亦非礼也。人有礼则安，无礼则危，故曰，礼者不可不学也。夫礼者，自卑而尊人，虽负贩者，必有尊也，而况富贵乎？富贵而知好礼，则不骄不淫；贫贱而知好礼，则志不慑。

人生十年曰幼，学。二十曰弱，冠。三十曰壮，有室。四十曰强，而仕。五十曰艾，服官政。六十曰耆，指使。七十曰老，而传。八十、九十曰耄，七年曰悼。悼与耄，虽有罪，不加刑焉。百年曰期，颐。

大夫七十而致事，若不得谢，则必赐之几杖，行役以妇人。适四方，乘安车。自称曰"老夫"，于其国则称名。越国而问焉，必告之以其制。

谋于长者，必操几杖以从之。长者问，不辞让而对，非礼也。

凡为人子之礼，冬温而夏清，昏定而晨省，在丑夷不争。

夫为人子者，三赐不及车马，故州闾乡党称其孝也，兄弟亲戚称其慈也，僚友称其弟也，执友称其仁也，交游称其信也；见父之执，不谓之进不敢进，不谓之退不敢退，不问不敢对。此孝子之行也。

夫为人子者，出必告，反必面，所游必有常，所习必有业，恒言不称老。年长以倍，则父事之；十年以长，则兄事之；五年以长，则肩随之。群居五人，则长者必异席。

为人子者，居不主奥，坐不中席，行不中道，立不中门。食飨不为概，祭祀不为尸。听于无声，视于无形。不登高，不临深。不苟訾，不苟笑。

孝子不服暗，不登危，惧辱亲也。父母存，不许友以死，不有私财。

为人子者，父母存，冠、衣不纯素。孤子当室，冠、衣不纯采。

幼子常视毋诳。童子不衣裘裳，立必正方，不倾听。长者与之提携，则两手奉长者之手。负、剑，辟咡诏之，则掩口而对。

从于先生，不越路而与人言。遭先生于道，趋而进，正立拱手。先生与之言则对；不与之言则趋而退。

从长者而上丘陵，则必乡长者所视。

登城不指，城上不呼。

将适舍，求毋固。将上堂，声必扬。户外有二屦，言闻则入，言不闻则不入。将入户，视必下。入户奉扃，视瞻毋回；户开亦开，户阖亦阖；有后入者，阖而勿遂。毋践屦，毋踏席，抠衣趋隅，必慎唯诺。

大夫、士出入君门，由闑右，不践阈。

凡与客入者，每门让于客。客至于寝门，则主人请入为席，然后出迎客。客固辞，主人肃客而入。主人入门而右，客入门而左。主人就东阶，客就西阶。客若降等，则就主人之阶。主人固辞，然后客复就西阶。主人与客让登，主人先登，客从之，拾级聚足，连步以上。上于东阶则先右足，上于西阶则先左足。

注 释

①《曲礼》是指具体细小的礼仪规范。

②敖：同"傲"，傲慢。

③从：同"纵"，放纵。

④极：达到顶点。

⑤狎：亲近。

⑥安安：满足于平安的境遇。迁：改变。

⑦临：遇上，面对。苟：苟且。

⑧很：争论，争执。

⑨质：判定，证明。

⑩直：明白。

《曲礼》说："君主行礼时要做到十分恭敬，态度像正在思虑一样端庄持重，说出的话都经过深思熟虑。这样可使人民安定啊！"

傲慢之心不可滋长，欲望不可放纵，意志上不可自满，欢乐不可到极点。

贤德的人对亲近的人能做到敬重，对于钦佩的人能做到爱慕。对于喜爱的人能了解他的缺点，对憎恶的人能了解他的优点。积聚的财富能散发赈济，当安居逸乐时能迁于为善。面对财物，不随便取；面对危难，该赴难的不苟且逃避。对于非原则的纷争，不求压服对方；分配财物时，不贪求多得。对有怀疑的事，不随便作结论；正确的见解，也不自夸只有自己懂得。

至于坐的样子要像祭祀的尸一样，站立的样子要像祭祀时屈身磬折一样。礼应该顺应当前的实际情况，出使别国要服从该国的习俗。

礼，是用来确定亲疏的标准，判断疑惑不解的问题，分辨事物的同异，明确事理的是非的。礼，不随便取悦于人，不空话连篇。礼要求不超越各种等级的规定，不傲慢侵凌别人，不随便与人亲热。修养自身的品德，说到都能做到，这是美好的品行。品行端正，说话合乎正道，这是礼的根本。学礼，只听说到师长处学，没听说让师长上门来教的；懂礼的人只听说别人自动来学习，没听说主动去教人的。

道德仁义不通过礼，不能有成效；教育以纠正习俗，要依据礼，才能完备；判断争议的事件和财产的诉讼，如不依据礼，就不能决断；君臣之间的上下级关系，父子兄弟之间的亲属关系，不依据礼，名分就不能确定；从师学习为吏之道和学业，不依据礼，师生之间关系就不能亲密；确定朝列位置，整顿军队，担任各种官职，执行法令，不依据礼，威严就不能树立；向神求福，还愿等各种祭祀，向鬼神进献祭品，不依据礼，就心不诚、不严肃。因为这样，所以君子都必须是态度恭敬，自觉节制谦让，以发扬礼义。鹦鹉虽会说话，仍不过是飞鸟；猩猩虽会说话，仍不过是走兽；如果有人不遵循礼，虽然会说话，而内心和禽兽不是一样的吗？只因为禽兽没有礼，所以出现父子共同与一牝兽交配的情况。因为如此，所以有圣人起来，制订礼来教导人，使人类有了礼，知道如何区别于禽兽。

上古之世，崇尚淳厚的品德；后来，才讲究得到别人的好处，一定设法报答。礼所崇尚的就是有施有报。如果只讲施，而不讲报，这是不合于礼的要求；相反，只讲报，而不讲施，也是不合于礼的要求。一个人的行为合于礼就平安，不合于礼就倾危。所以说：礼这件事是不能不学习的。礼所要求的，即克制自己尊重别人。即使是做苦力做小买卖的，其中一定有值得尊敬的人，何况那些有地位富贵的人呢？富贵的人而知道爱好礼，就可以不骄傲不放荡；贫贱的人懂得爱好礼，在思想上就不会畏首畏尾而迷惑于行事。

男子到十岁称为幼，开始就学。到二十岁称为弱，举行冠礼。到三十岁称为壮，成家娶妻。到四十岁称为强，在官府中从事具体工作。到五十岁称为艾，可以为大夫做长官。到六十岁称为耆，只发号司令指派别人。七十岁称为老，将家务移交给子孙。到八十、九十岁称为耄，幼儿七岁被称为悼。凡是悼和耄，即使有罪，也不加以处罚。到一百岁称为期，则事事需人奉养了。大夫到了七十岁，就告老退休。如果国君不批准请求，就赐几杖给他，出门办事时要妇女跟随照料。到外地去，乘坐安车；可以自称老夫，但在本国以名字自称。如有邻国来请教，国君要先询问老臣，老臣就讲述本国的典章制度。

到长者那里请教事情，一定要为他安置凭几、手杖。长者有所询问，如不先推辞谦让，就径直回答，这是不合于礼的。

做儿子的礼节：冬天使父母温暖，夏天使父母凉快；晚上服侍父母安寝，早晨问父母安。与平辈人相处，则不争。

做儿子的礼节：虽然受到国君的三命，却自谦不乘所赐的车马，怕超越父辈的享受。这样的人，乡里中都称颂他孝顺，兄弟以及亲戚们都称颂他慈爱，同僚们都称颂他待人接物很有分寸，志同道合的朋

友称颂他仁爱，一般的朋友称颂他言而有信。看到父亲的挚友，如不叫他前去，就不敢前去；不叫他离去，就不敢告退；不提问，不敢随便对答。这是做孝子所应有的行为。

做儿子的礼节：出门一定要向父母禀告，从外面回来一定要与父母照面，出游有固定的地方，平时学习都有作业。平时说话时不自称为"老"。比自己年龄大一倍的人，就以对待父亲的礼节对待他；比自己大十岁的，就以对待兄长的礼节对待他；比自己大五岁的人，走路时并排而稍后。五个人聚坐在一起，推尊年长的单独坐另一条席上。

做儿子的礼节：平时不坐在室内的西南角，坐席时，不坐在中央位置，行路时不走在道路的中央，站立时，不站在门的中央。宴客祭祀的规格、数量，不自定限制。在祭祀时不作尸。不待父母说话、行动，就能揣知父母的意思。不爬登高处，不临深渊，不随便毁谤别人，不应该发笑时不笑。

孝子不做秘密的事，不涉足险境，害怕使父母牵连受辱。父母活着，不答应朋友自己献身的要求，不能有私蓄。做儿子的礼节，父母健在，衣帽不能用白色镶边；如无父的适子，除丧后衣帽仍不用彩色镶边，表示不忘哀思。

对幼儿要经常进行正面教育，不能欺骗。儿童不穿皮衣和下裳，站立时一定正对一个方向，不能侧着头听别人说话。有长辈拉着一起走路，就要用双手捧着长辈的手。当大人背负幼儿或搂幼儿在胁下时，长辈侧着头在他耳边问话，小孩要用手遮住嘴来回答。

跟随老师出行，不要离开原路到路旁与别人说话。在路上碰到老师，要快步向前走，端正站立拱手表示敬意；老师跟他说话才回答，不跟他说话就赶紧快步退到一边。跟随长辈上山冈，视线要与长者所视的方向一致，以便回答长者的问话。登上城墙，不随便指指点点，在城墙上不大喊大叫，恐引起旁人的误会。

到他处做客，要求做到不粗鲁。将登主人堂屋，一定高声探问，使主人知道有人来。如果发现门外有两双鞋子，听到里面有谈话声，就可以进去，如听不到谈话声，就不能进去。将进门时，眼睛要往下看。进了门，捧着门栓，目光不扫视室内四周。门原是开的，进门后依然开着；门原是闭的，进门后把门闭上，如后面还有人要进来，只作慢慢关门的姿势，不将门关上。脱鞋时不要踩了先来人的鞋子，登席时不要超越序次，用手提起下裳，从席角走向座位。应对时，十分敬慎，说"唯"或"诺"。

大夫和士进出国君的门，应走门橛的右面，脚不踩门限。

同客人一道进门，经过每道门时都让客人先进。客人到了正寝门前，主人请求先进去铺座席，然后出来迎接客人；客人一再辞让，主人在前引导客人进入。主人进门后向右，客人进门后向左；主人登东阶，客人登西阶。如客人的身份比主人的地位低，就跟着登主人所登的东阶；主人一再辞让，然后客人重又去登西阶。主人和客人在登阶前互相谦让，主人先登台阶，客人紧跟着登上台阶，前足登上一级后，等后足跟上与前足并后，再往上登第二级，就这样一步一停地一直登上堂。如登东阶的要先迈右脚；登西阶的，要先迈左脚。

曲礼下

原　文

凡奉者当心，提者当带①。

执天子之器，则上衡②；国君，则平衡；大夫，则绥之；士，则提之。

凡执主器，执轻如不克③。执主器，操币圭璧，则尚左手④。行不举足，车轮曳踵⑤。立则磬折，垂佩⑥。主佩倚，则臣佩垂⑦；主佩垂，则臣佩委⑧。执玉，其有藉者则裼，无藉者则袭⑨。

国君不名卿老世妇；大大不名世臣侄娣；士不名家相长妾。

君大夫之子，不敢自称曰"余小子"。大夫、士之子，不敢自称曰"嗣子某"，不敢与世子同名。

君使士射，不能，则辞以疾。言曰："某有负薪之忧。"

侍于君子，不顾望而对，非礼也。

君子行礼，不求变俗，祭祀之礼，居丧之服，哭泣之位，皆如其国之故，谨（脩）〔循〕其法而审行之。

去国三世，爵禄有列于朝，出入有诏于国；若兄弟宗族犹存，则反告于宗后。

去国三世，爵禄无列于朝，出入无诏于国，唯兴之日，从新国之法。

君子已孤不更名，已孤暴贵，不为父作谥。

居丧未葬，读丧礼；既葬读祭礼；丧复常，读乐章。居丧不言乐，祭事不言凶，公庭不言妇女。

振书、端书于君前，有诛。倒策、侧龟于君前，有诛。

龟策、几杖、席盖、重素、袗絺绤，不入公门。苞屦、扱衽、厌冠，不入公门。书方、衰、凶器，不以告，不入公门。

公事不私议。

君子将营宫室，宗庙为先，厩库为次，居室为后。凡家造，祭器为先，牺赋为次，养器为后。

无田禄者，不设祭器；有田禄者，先为祭服。君子虽贫，不粥祭器；虽寒，不衣祭服。为宫室，不斩于丘木。

大夫、士去国，祭器不逾竟。大夫寓祭器于大夫，士寓祭器于士。

大夫、士去国，逾竟，为坛位，乡国而哭；素衣，素裳，素冠；彻缘，鞮屦，素簚；乘髦马，不蚤鬋，不祭食；不说人以"无罪"；妇人不当御；三月而复服。

大夫、士见于国君，君若劳之，则还辟，再拜稽首；君若迎拜，则还辟，不敢答拜。

大夫、士相见，虽贵贱不敌，主人敬客，则先拜客；客敬主人，则先拜主人。凡非吊丧，非见国君，无不答拜者。

大夫见于国君，国君拜其辱。士见于大夫，大夫拜其辱。同国始相见，主人拜其辱。君于士，不答拜也；非其臣，则答拜之。大夫于其臣，虽贱，必答拜之。

男女相答拜也。

国君春田不围泽，大夫不掩群，士不取麛卵。

岁凶，年谷不登，君膳不祭肺，马不食谷，驰道不除，祭事不县。大夫不食粱，士饮酒不乐。

君无故玉不去身。大夫无故不彻县。士无故不彻琴瑟。

士有献于国君，他日君问之曰："安取彼？"再拜稽首而后对。

大夫私行出疆，必请，反必有献。士私行出疆，必请，反必告。君劳之，则拜；问其行，拜而后对。

国君去其国，止之曰："奈何去社稷也？"大夫，曰："奈何去宗庙也？"士，曰："奈何去坟墓也？"国君死社稷，大夫死众，士死制。

君天下，曰"天子"。朝诸侯、分职、授政、任功，曰"予一人"。践阼，临祭祀，内事曰"孝王某"，外事曰"嗣王某"。临诸侯，畛于鬼神，曰"有天王某甫"。崩，曰"天王崩"。复，曰"天子复矣"。告丧，曰"天王登假"。措之庙，立之主，曰"帝"。天子未除丧，曰"予小子"。生名之，死亦名之。

天子有后，有夫人，有世妇，有嫔，有妻，有妾。

天子建天官，先六大，曰大宰、大宗、大史、大祝、大士、大卜，典司六典。天子之五官，曰司徒、司马、司空、司士、司寇，典司五众。天子之六府，曰司土、司木、司水、司草、司器、司货，典司六职。天子之六工，曰土工、金工、石工、木工、兽工、草工，典制六材。

五官致贡曰"享"。

五官之长曰"伯"，是职方。其摈于天子也，曰"天子之吏"。天子同姓，谓之"伯父"，异姓，谓之"伯舅"。自称于诸侯，曰"天子之老"。于外曰"公"，于其国曰"君"。

九州之长入天子之国曰"牧"。天子同姓谓之"叔父"，异姓谓之"叔舅"，于外曰"侯"，于其国曰"君"。

其在东夷、北狄、西戎、南蛮，虽大曰"子"。于内自称曰"不榖"，于外自称曰"王老"。

庶方小侯，入天子之国曰"某人"。于外曰"子"，自称曰"孤"。

天子当依而立，诸侯北面而见天子曰觐。天子当宁而立，诸公东面、诸侯西面，曰朝。

诸侯未及期相见曰遇，相见于郤地曰会。诸侯使大夫问于诸侯曰聘，约信曰誓；莅牲曰盟。

诸侯见天子曰"臣某侯某"，其与民言自称曰"寡人"。其在凶服，曰"适子孤"。临祭祀，内事曰"孝子某侯某"，外事曰"曾孙某侯某"。死曰"薨"，复曰"某甫复矣"。既葬，见天子曰"类见"。言谥曰"类"。

诸侯使人使于诸侯，使者自称曰"寡君之老"。

天子穆穆。诸侯皇皇。大夫济济。士跄跄。庶人僬僬。

天子之妃曰后，诸侯曰夫人，大夫曰孺人，士曰妇人，庶人曰妻。公侯有夫人，有世妇，有妻，有妾。夫人自称于天子曰"老妇"；自称于诸侯曰"寡小君"；自称于其君曰"小童"。自世妇以下自称曰"婢子"。

子于父母则自名也。

列国之大夫，入天子之国曰"某士"；自称曰"陪臣某"。于外曰"子"，于其国曰"寡君之老"。使者自称曰"某"。

天子不言出。诸侯不生名。君子不亲恶。诸侯失地，名；灭同姓，名。

为人臣之礼，不显谏，三谏而不听，则逃之。子之事亲也，三谏而不听，则号泣而随之。

君有疾，饮药，臣先尝之。亲有疾，饮药，子先尝之。医不三世，不服其药。

儗人必于其伦。

问天子之年，对曰："闻之，始服衣若干尺矣。"问国君之年，长，曰："能从宗庙社稷之事矣。"幼，曰："未能从宗庙社稷之事也。"问大夫之子，长，曰："能御矣。"幼，曰："未能御也。"问士之子，长，曰："能典谒矣。"幼，曰："未能典谒也。"问庶人之子，长，曰："能负薪矣。"幼，曰："未能负薪也。"

问国君之富，数地以对，山泽之所出。问大夫之富，曰："有宰食力，祭器衣服不假。"问士之富，以车数对。问庶人之富，数畜以对。

天子祭天地，祭四方，祭山川，祭五祀，岁遍。诸侯方祀，祭山川，祭五祀，岁遍。大夫祭五祀，岁遍。士祭其先。

凡祭，有其废之莫敢举也，有其举之莫敢废也。

非其所祭而祭之，名曰淫祀。淫祀无福。

天子以牺牛，诸侯以肥牛，大夫以索牛，士以羊豕。

支子不祭，祭必告于宗子。

凡祭宗庙之礼，牛曰"一元大武"，豕曰"刚鬣"，豚曰"腯肥"，羊曰"柔毛"，鸡曰"翰音"，犬曰"羹献"，雉曰"疏趾"，兔曰"明视"，脯曰"尹祭"，槁鱼曰"商祭"，鲜鱼曰"脡祭"，水曰"清涤"，酒曰"清酌"，黍曰"芗合"，粱曰"芗萁"，稷曰"明粢"，稻曰"嘉蔬"，韭曰"丰本"，盐曰"咸鹾"，玉曰"嘉玉"，币曰"量币"。

天子死曰崩，诸侯曰薨，大夫曰卒，士曰不禄，庶人曰死。在床曰尸，在棺曰柩。羽鸟曰降，四足曰渍。死寇曰兵。

祭王父曰皇祖考，王母曰皇祖妣，父曰皇考，母曰皇妣，夫曰皇辟。

生曰父，曰母，曰妻；死曰考，曰妣，曰嫔。

寿考曰卒，短折曰不禄。

天子视不上于袷，不下于带；国君绥视；大夫衡视；士视五步。凡视，上于面则敖，下于带则忧，倾则奸。

君命，大夫与士肄。在官言官，在府言府，在库言库，在朝言朝。

朝言不及犬马。辍朝而顾，不有异事，必有异虑；故辍朝而顾，君子谓之固。在朝言礼，问礼，对以礼。

大飨不问卜，不饶富。

凡挚，天子鬯，诸侯圭，卿羔，大夫雁，士雉，庶人之挚匹。童子委挚而退。

野外军中无挚，以缨、拾、矢可也。

妇人之挚，椇、榛、脯、脩、枣、栗。

纳女于天子，曰"备百姓"；于国君，曰"备酒浆"；于大夫，曰

"备扫洒"。

注 释

①奉：即"捧"。

②衡：与胸口（心的位置）平齐。

③克：即"胜"。

④尚左手：以左手为尊。

⑤行不举足，车轮曳踵：曳，拽；踵，脚后跟。

⑥磬折，身体微屈，如磬之曲折，微屈则佩（系于衣带上的装饰品）垂落于身前。

⑦佩倚：身体直立，则佩不垂而依附于身体。

⑧佩委：佩饰垂落于地，以示更加恭敬。

⑨有藉者则裼，无藉者则袭：裼，xī，脱去外衣露出内衣。袭，掩起中衣。

译 文

手捧东西，一般要对着心胸；提东西，要在腰带部位。如捧天子的东西，要高于自己的心胸；捧国君的东西，与心胸相平；捧大夫的东西，低于自己的心胸；捧士的东西，只要齐腰带。凡给君主拿器物，器物虽轻，而表情好像很重，不能胜任的样子；拿君主的币帛圭璧等，要左手略高，行步时不提腿，脚后跟如车轮不离地，拖着走。站立时，要像磬一样弯着身子，让身上挂的玉佩垂于身前。如果君主站立时，玉佩贴身，臣下就要身子弯曲，玉佩垂于身前；如果君主身子弯着，玉佩垂于身前，臣下就要深深弯腰，达到玉佩垂地。捧玉器，如果玉器放在衬垫上，就要袒外衣左袖，露出裼衣；如果玉器不用衬垫，就不袒外衣。

国君对上卿或世妇不直呼其名；大夫对世臣或侄娣不直呼其名；士对管家和有孩子的妾不直呼其名。供职于天子的大夫，他们的儿子不敢自称"余小子"，诸侯的大夫、士的儿子，不敢自称"嗣子某"。

给儿子起名，要避免和诸侯适子的名相同。

国君让士配对射箭，如不能射，要托辞有病。回答说："某某人有负薪之疾。"陪侍君子，君子有问，如不观察在座的其他人，就立即回答，这是没有礼貌的。

君子离开故国，不随着改变故国的礼俗，祭祀的各种礼仪、丧事的丧服、丧事的哭泣的位置等等，都按照故国的旧礼，慎重地遵循先祖的各种制度，审慎地实行。离开故国已经三代，如族中仍有人在故国做卿大夫的，遇到吉凶等事，要向故国报告；如有兄弟及本家还住在故国的，则冠、婚、丧等事向故国内宗子报告。如离开故国三代，没有亲属在故国做卿大夫，吉凶等事不再向故国国君报告，要等到被所在国任命为卿大夫这天开始，才按新居留国的礼法制度行事。

君子在父死后，就不改名；父死后而自己成为显贵，也不须为父定谥号。父母亡故，尚未安葬，就要诵读丧礼；已经安葬，就诵读有关祭祀的礼仪；丧事完毕，恢复正常的生活，就诵读诗歌。办丧事中不谈诗歌，祭祀不谈死丧等不吉之事，在办公事之处，不谈论妇女的事。

在国君前拂拭公文簿册的灰尘，和整理公文簿册，要受到责罚。在国君面前，将著草颠倒，和翻转龟甲，要受到责罚。带着龟甲著草的、拿着凭几扶杖的、驾着丧车的、白冠、白衣、白裳的、穿单葛布内衣的，都不得进入国君的大门。穿丧服草鞋的，将前襟插在腰带内的、戴着丧冠的人，都不得进入国君的大门。遣册、孝服、棺椁、明器等物，不事先向国君报告，不能进入国君的大门。国家的事不能在家内议论。

诸侯如果营建房屋，先造宗庙，其次是马房、库房，最后才是居住的房子。凡是大夫造作器物，最先制造祭祀用的器具，其次营建放置征收来的牲畜的棚圈，最后才造生活用具。没有采地的，不置备祭祀用具；有采地的，先制作祭服。即使贫穷，不变卖祭祀用具；即使无衣御寒，不穿祭祀穿的礼服。造房子，不砍墓上的树木。

大夫、士被斥离开祖国，祭祀的用器不能携带出境。如是大夫，把祭器寄放在别的大夫家；如是士，则将祭器寄放在别的士家。大夫、士离开祖国，越国境时，要筑土为坛，面向祖国痛哭；穿白衣、白裳、戴白帽；去掉领口上的彩色镶边，着没有鼻子的鞋，车轼上覆盖白狗皮；驾车的是鬣毛未曾修剪的马，不剪指甲，不修剪须发，饮食时不行祭食之礼；不向人解释说自己被斥是无罪的；不接近妇女；这样，过了三个月，才恢复正常的服饰，然后离国而去。

大夫、士谒见他国之国君，国君如慰劳他，就要向后退避，下跪叩首再拜；该国国君如在迎接时先拜，就要向后退避，而不敢以下拜相回礼。与他国的大夫、士互相见面，即使彼此贵贱不同，主人如尊敬客人，就先拜客人；如客人尊敬主人，就先拜主人；不是吊丧，不是拜见国君，没有不回礼答拜的。大夫去拜见他国国君，国君下拜，表示承蒙他屈驾光临。士去拜见他国大夫，大夫回拜，也表示承蒙他屈驾光临。同国的人，只在第一次相见时，主人才下拜，表示承蒙他屈驾光临。国君对士不下拜答礼，如不是自己的臣下，就要下拜答礼。大夫对于自己的臣下，即使对方地位低贱，一定要下拜答礼。男女之间，彼此不下拜答礼。

国君春天打猎，不可包围整个猎场；大夫不能猎取整个兽群；士不猎取各种幼兽和禽蛋。灾年，谷物没有收成，国君食时不祭肺，马不喂谷物，驰道不整治，祭祀不演奏钟磬等乐器；大夫不再食稻粱作为加餐，士在饮酒时不作乐。国君没有特殊的原因，佩玉不离身。大夫没有特殊的原因，不去掉钟磬等乐器。士没有特殊的原因，不将琴瑟等乐器带走。

士向国君奉献物品，别一日子国君问他说："那天的物品是怎样获得的呢？"士稽首再拜，然后再回答。大夫因个人的事出境，一定要事先请求允准，回来后一定向国君有所奉献。士因个人事出境，一定要事先请求，回来后一定要禀告。国君如慰劳，就要下拜；问他旅途所到之处，下拜以后才回答。

国君要流亡他国，臣下阻止时说："怎能抛下社稷呢！"对去国的大夫，则说："怎能抛下祖先的宗庙呢！"对去国的士，则说："怎能抛

下祖宗的坟墓呢！"国君应为保卫国家而死，大夫应与士卒同存亡，士应死于执行国君的政令。

君临天下，称之谓"天子"；朝见诸侯，分派官职，授政百官，分配各项工作，自称说："予一人"；登阼阶，亲自主持祭祀仪式，如宗庙的祭祀，在祝辞中自称："孝王某"；如祭祀天地山川等神，在祷辞中自称："嗣王某"；巡行到诸侯国，于野外祭祀当地的鬼神，则自称："有天王某甫"；天子死，称："天王崩"；招魂时，呼喊："天子回来啊！"发讣告，文中用："天王登假"；神主祔祭于祖庙，木主上称："帝"。新天子即位，尚未除丧，自称为："予小子"。活着时称："小子王某"，如于此时死亡，亦称他："小子王某"。

天子有后、夫人、世妇、嫔、妻、妾等。天子设立天官，首先设六大，有大宰、大宗、大史、大祝、大士、大卜，负责职掌六个方面的制度。天子又设五官，有司徒、司马、司空、司士、司寇，负责主管各自下属官吏。天子设立六府，有司土、司木、司水、司草、司器、司货，负责征管六个方面的赋税财物。天子又有六工，有土工、金工、石工、木工、兽工、草工，负责加工制作六类器物。以上五官年终向天子报告成绩，称之为"享"。

五官之长称之为"伯"，主管一个地区。当他替天子接待宾客时，自称："天子之吏"。天子对同姓的伯，称为"伯父"；对异姓的伯，称呼为"伯舅"。伯对诸侯，自称为："天子之老"。在自己封地之外的人，称他为"公"；在封地之内的人，称他为"君"。九州之长在王畿之内，天子称之为"牧"。如果与天子同姓，天子称他为"叔父"，如果是异姓，天子称他为"叔舅"。在封国之外，人称他为"侯"；在国

少年读礼记

16

内，国人称之为"君"。

东夷、北狄、西戎、南蛮边远地区诸侯国，即使国土广大，只能称"子"。在国内自称为"不穀"；对外国，自称为"王老"。边远地区的小诸侯，入天子王畿之内，自称为"某国人"；外国人称他为"子"；在国内，自称为"孤"。

天子站立在扆的前面，诸侯面向北参见天子，这称为"觐"。天子站在正门与屏风之间，公爵朝东，侯爵面朝西，这称为"朝"。诸侯之间没有到约定的日期而互相见面，称为"遇"。诸侯在两国的中间地方相见，称为"会"。诸侯派遣大夫到另一国访问，称为"聘"。诸侯缔约，互相取信，称为"誓"。杀牲结盟，称为"盟"。诸侯觐见天子，自称"臣某国侯名某"。如在国内跟人民说话，自称"寡人"。诸侯在服丧期间，自称"適子孤"。参加祭祀，称"孝子某侯某"；如祭山川等神，则称"曾孙某侯某"。诸侯死称"薨"。招魂时，称"某甫回来啊"！已经安葬，新君尚未正式继位，拜见天子，称为"类见"。为父向天子请谥号，也称"类"。诸侯派遣卿大夫出使他国，使者自称"寡君之老"。

天子威仪庄盛，诸侯庄重煊赫，大夫走路缓慢有节奏，士走路缓慢舒坦，平民走路急促不讲求姿势。

天子的配偶称后，诸侯的配偶称夫人，大夫的配偶称孺人，士的配偶称妇人，平民的配偶称妻。公侯有夫人、世妇、妻、妾等。公侯夫人，在天子前，自称"老妇"；在其他诸侯前，自称"寡小君"；在自己国君前，自称"小童"。从世妇以下，都自称"婢子"。子、女在父母面前，都自称名。诸侯国的大夫，在天子王畿之内，称他为"某国之士"；自称"陪臣某"；在其他诸侯国，称他为"某子"；在自己本国，旁人介绍时，称他为"寡君之老"。出使他国，自称"某"。

天子出奔在外，不用"出"字。诸侯活着，史册上不称他的名。君子不能原谅作恶的君主；所以，诸侯亡国，记载时就直称其名；灭亡同姓国家的诸侯，记载时也直称其名。

为臣下之礼：对国君的错误要委婉地提意见。如果三次提意见，

17

都不采纳，就主动地离去。儿子对待父亲的错误，如果三次提意见不接受，就继之以哀嚎哭泣。

国君有病服药，臣要先尝。双亲有病服药，儿子要先尝。医生如果不是三代行医，不吃他的药。

比拟一个人，必须以身份相似的来比。有人问天子的年龄，应回答说："听说已经穿多长的衣服了。"问国君的年龄，如已长大，就回答："能够主持宗庙、社稷的祭祀了。"如还幼小，就回答："还不能主持宗庙、社稷的祭祀。"问大夫儿子的年龄，如已长大，就回答："能够驾车了。"如尚幼小，就回答："还不能驾车。"问士的儿子的年龄，如已长大，就回答："能够接待宾客。"如尚幼小，就回答："还不能接待宾客。"问老百姓儿子的年龄，如已长大，就回答："能背柴了。"如尚幼小，就回答："还不能背柴。"问国君的财富，告以国土面积和国内山上水中的出产。问大夫的财富，回答说："有采地总管，有赋税收入，祭器和祭服都用不到借。"问士的财富，可以回答家里有几辆车子。问老百姓家的财富，可答家里有多少牲畜。

天子祭祀天地，祭四方之神，祭大山、大河的神，祭户、灶、中霤、门、行等神，一年之内都要祭遍。诸侯祭本国所在方位的山川之神，祭户、灶、中霤、门、行等神，一年之内都要祭遍。大夫祭户、灶、中霤、门、行等神，一年之内都要祭遍。士祭祀自己的祖先。祭祀之事，如果一经废止，不敢再恢复举行；已列入进行祭祀的，不敢随便废止。不应祭祀的而进行祭祀，被称作淫祀，淫祀不会获得神的保佑。天子祭祀时用纯毛的牛；诸侯祭祀用的牛，事前饲养三个月；大夫临祭时选择一条肥牛；士祭祀用羊和猪。庶子不祭祖先，如果要祭祖先，一定要先告诉适子。

祭祀祖庙的礼：祭牛称为"一元大武"，猪称为"刚鬣"，小猪称为"腯肥"，羊称为"柔毛"，鸡称为"翰音"，狗称为"羹献"，野鸡称为"疏趾"，兔称为"明视"，干肉称为"尹祭"，干鱼称为"商祭"，鲜鱼称为"脡祭"；水称为"清涤"，酒称为"清酌"，黍米称为"芗合"，粱称为"芗萁"，稷称为"明粢"，稻谷称为"嘉蔬"；韭菜称为"丰本"，盐称为"咸鹾"；祭玉称为"嘉玉"，帛称为"量币"。

天子死称为"崩"，诸侯死称为"薨"，大夫死称为"卒"，士死称为"不禄"，老百姓死称为"死"。尸体在床称为"尸"，已经入棺称为"柩"。鸟类的死称为"降"，兽类的死称为"渍"。与敌寇战斗而死的称为"兵"。

祭祖父时称"皇祖考"，祭祖母时称"皇祖妣"，祭父亲称"皇考"，祭母亲称"皇妣"，祭丈夫称"皇辟"。活着称"父"，称"母"，称"妻"；死后称"考"，称"妣"，称"嫔"。老年人死称"卒"，短命夭折的称"不禄"。

臣下看天子，视线不超过天子胸前的衣领，也不低于腰带。臣下看国君，视线在脸面稍下。看大夫可以面对面平视。属吏看士，视线可以及于五步之内。凡看人，高于人之脸面，则显得骄傲；如低于人之腰带，则显得心事重重；如斜着眼看人，则显得心术不正。

国君的指示命令，大夫和士就要学习。命之在官府的，就研习官府的事；命之在府库的，就研习府库的事；命之在仓库的，就研习车马兵器的事；命之在朝廷的，就研习政事。在朝廷上说话，不能涉及犬马等私人玩乐的事。散朝以后，还不断回头看，不是有不正常的事情，就是有不正常的想法。所以散朝以后，还不断回头看的人，君子称之为鄙陋无礼的人。在朝廷之上一切都要讲究礼，发问要合于礼，回答也要合于礼。

天子祭祀五帝，不占卜吉日，不是为了求福。

凡是见面礼品：天子用鬯酒，诸侯用圭，卿用羔羊，大夫用鹅，士用野鸡，老百姓用鸭。童子放下见面礼，便离开。如在野外军中，见面无礼物，用驾马的皮带、射鞲、箭等都可以。妇女的见面礼有枳、榛子、脯、修、枣、栗等物。

嫁送女儿给天子做嫔妃，当说："备百姓。"嫁送女儿给国君，当说："备酒浆。"嫁送女儿给大夫，当说："备扫洒。"

檀弓上

公仪仲子之丧①，檀弓免焉②。

仲子舍其孙而立其子③。檀弓曰："何居④？我未之前闻也。"趋而就子服伯子于门右⑤，曰："仲子舍其孙而立其子，何也？"伯子曰："仲子亦犹行古之道也。昔者文王舍伯邑考而立武王，微子舍其孙腯而立衍也⑥。夫仲子亦犹行古之道也。"

子游问诸孔子。孔子曰："否。立孙⑦。"

事亲有隐而无犯，左右就养无方，服勤至死，致丧三年。

事君有犯而无隐，左右就养有方，服勤至死，方丧三年。

事师无犯无隐，左右就养无方，服勤至死，心丧三年。

季武子成寝。杜氏之葬在西阶之下，请合葬焉，许之。入宫而不敢哭。武子曰："合葬非古也。自周公以来，未之有改也。吾许其大，而不许其细，何居？"命之哭。

子上之母死而不丧。门人问诸子思曰："昔者子之先君子丧出母乎？"曰："然"。"子之不使白也丧之，何也？"子思曰："昔者吾先君子无所失道。道隆则从而隆，道污则从而污。伋则安能？为伋也妻者，是为白也母。不为伋也妻者，是不为白也母。"故孔氏之不丧出母，自子思始也。

孔子曰："拜而后稽颡，颓乎其顺也。稽颡而后拜，颀乎其至也。三年之丧，吾从其至者。"

孔子既得合葬于防，曰："吾闻之，古也墓而不坟。今丘也，东西南北之人也，不可以弗识也。"于是封之，崇四尺。

孔子先反，门人后。雨甚，至。孔子问焉，曰："尔来何迟也？"曰："防墓崩。"孔子不应。三，孔子泫然流涕，曰："吾闻之，古不修墓。"

孔子哭子路于中庭。有人吊者，而夫子拜之。既哭，进使者而问故。使者曰："醢之矣！"遂命覆醢。

曾子曰："朋友之墓有宿草而不哭焉。"

子思曰："丧三日而殡，凡附于身者必诚必信，勿之有悔焉耳矣。三月而葬，凡附于棺者必诚必信，勿之有悔焉耳矣。丧三年，以为极，亡则弗之忘矣。故君子有终身之忧，而无一朝之患。故忌日不乐。"

孔子少孤，不知其墓。殡于五父之衢，人之见之者皆以为葬也；其慎也，盖殡也。问于郰曼父之母，然后得合葬于防。

邻有丧，舂不相。里有殡，不巷歌。丧冠不緌。

有虞氏瓦棺。夏后氏堲周。殷人棺椁。周人墙置翣。周人以殷人之棺椁葬长殇，以夏后氏之堲周葬中殇、下殇，以有虞氏之瓦棺葬无服之殇。

夏后氏尚黑，大事敛用昏，戎事乘骊，牲用玄。殷人尚白，大事敛用日中，戎事乘翰，牲用白。周人尚赤，大事敛用日出，戎事乘騵，牲用骍。

穆公之母卒，使人问于曾子

曰：“如之何？”对曰：“申也闻诸申之父曰：哭泣之哀，齐斩之情，饘粥之食，自天子达。布幕，卫也。缣幕，鲁也。”

晋献公将杀其世子申生。公子重耳谓之曰：“子盖言子之志于公乎？”世子曰：“不可。君安骊姬，是我伤公之心也。”曰：“然则盖行乎？”世子曰：“不可。君谓我欲弑君也。天下岂有无父之国哉？吾何行如之？”

使人辞于狐突曰：“申生有罪，不念伯氏之言也，以至于死。申生不敢爱其死。虽然，吾君老矣，子少，国家多难，伯氏不出而图吾君；伯氏苟出而图吾君，申生受赐而死！”再拜稽首乃卒。是以为恭世子也。

鲁人有朝祥而莫歌者，子路笑之。

夫子曰：“由！尔责于人，终无已夫？三年之丧，亦已久矣夫！”

子路出，夫子曰：“又多乎哉？逾月则其善也。”

鲁庄公及宋人战于乘丘。县贲父御，卜国为右。

马惊，败绩，公队，佐车授绥。公曰：“末之卜也。”县贲父曰：“他日不败绩，而今败绩，是无勇也。”遂死之。

圉人浴马，有流矢在白肉。公曰：“非其罪也！”遂诔之。士之有诔，自此始也。

曾子寝疾，病。乐正子春坐于床下，曾元、曾申坐于足。童子隅坐而执烛。

童子曰：“华而睆，大夫之箦与？”子春曰：“止！”曾子闻之，瞿然曰：“呼！”曰：“华尔睆，大夫之箦与？”曾子曰：“然。斯季孙之赐也，我未之能易也。元起易箦！”曾元曰：“夫子之病革矣，不可以变。幸而至于旦，请敬易之。”曾子曰：“尔之爱我也不如彼。君子之爱人也以德，细人之爱人也以姑息。吾何求哉？吾得正而毙焉，斯已矣！”

举扶而易之。反席未安而没。

始死，充充如有穷。既殡，瞿瞿如有求而弗得。既葬，皇皇如有望而弗至。练而慨然，祥而廓然。

邾娄复之以矢，盖自战于升陉始也。鲁妇人之髽而吊也，自败于台鲐始也。

南宫绦之妻之姑之丧，夫子诲之髽，曰："尔毋从从尔。尔毋扈扈尔。盖榛以为笄，长尺而总八寸。"

孟献子禫，县而不乐，比御而不入。夫子曰："献子加于人一等矣。"

孔子既祥，五日弹琴而不成声，十日而成笙歌。

有子盖既祥而丝屦组缨。

死而不吊者三：畏，厌，溺。

子路有姊之丧，可以除之矣，而弗除也。孔子曰："何弗除也？"子路曰："吾寡兄弟而弗忍也。"孔子曰："先王制礼，行道之人皆弗忍也。"子路闻之，遂除之。

大公封于营丘，比及五世，皆反葬于周。君子曰："乐，乐其所自生。礼，不忘其本。古之人有言曰：'狐死正丘首，仁也。'"

伯鱼之母死，期而犹哭。夫子闻之，曰："谁与哭者？"门人曰："鲤也。"夫子曰："嘻，其甚也！"伯鱼闻之，遂除之。

舜葬于苍梧之野，盖三妃未之从也。季武子曰："周公盖祔。"

曾子之丧，浴于爨室。

大功废业。或曰："大功，诵可也。"

子张病，召申祥而语之曰："君子曰终，小人曰死。吾今日其庶几乎！"

曾子曰："始死之奠，其馀阁也与！"

曾子曰："小功不为位也者，是委巷之礼也。子思之哭嫂也为位，妇人倡踊。申祥之哭言思也亦然。"

古者冠缩缝，今也衡缝。故丧冠之反吉，非古也。

曾子谓子思曰："伋！吾执亲之丧也，水浆不入于口者七日。"子思曰："先王之制礼也，过之者，俯而就之；不至焉者，跂而及之。故君子之执亲之丧也，水浆不入于口者三日，杖而后能起。"

曾子曰:"小功不税。则是远兄弟终无服也,而可乎?"

伯高之丧,孔氏之使者未至,冉子摄束帛乘马而将之。孔子曰:"异哉!徒使我不诚〔礼〕于伯高。"

伯高死于卫,赴于孔子。孔子曰:"吾恶乎哭诸?兄弟,吾哭诸庙。父之友,吾哭诸庙门之外。师,吾哭诸寝。朋友,吾哭诸寝门之外。所知,吾哭诸野。于野则已疏,于寝则已重。夫由赐也见我,吾哭诸赐氏。"遂命子贡为之主,曰:"为尔哭也来者,拜之。知伯高而来者,勿拜也。"

曾子曰:"丧有疾,食肉饮酒,必有草木之滋焉。"以为姜桂之谓也。

子夏丧其子而丧其明。曾子吊之,曰:"吾闻之也,朋友丧明则哭之。"曾子哭。子夏亦哭,曰:"天乎!予之无罪也。"曾子怒,曰:"商!女何无罪也?吾与女事夫子于洙、泗之间,退而老于西河之上。使西河之民疑女于夫子,尔罪一也。丧尔亲,使民未有闻焉,尔罪二也。丧尔子,丧尔明,尔罪三也。而曰……女何无罪与!"子夏投其杖而拜,曰:"吾过矣,吾过矣!吾离群而索居,亦已久矣!"

夫昼居于内,问其疾可也。夜居于外,吊之可也。是故君子非有大故,不宿于外;非致齐也,非疾也,不昼夜居于内。

高子皋之执亲之丧也,泣血三年,未尝见齿。君子以为难。

衰,与其不当物也,宁无衰。齐缞不以边坐,大功不以服勤。

孔子之卫,遇旧馆人之丧,入而哭之哀。出,使子贡说骖而赙之。

子贡曰:"于门人之丧,未有所说骖。说骖于旧馆,无乃已重乎?"夫子曰:"予乡者入而哭之,遇于一哀而出涕;予恶夫涕之无从也?小子行之!"

孔子在卫。有送葬者,而夫子观之,曰:"善哉为丧乎!足以为法矣,小子识之。"子贡曰:"夫子何善尔也?"曰:"其往也如慕,其反也如疑。"子贡曰:"岂若速反而虞乎?"子曰:"小子识之。我未之能行也。"

颜渊之丧,馈祥肉。孔子出受之,入,弹琴而后食之。

孔子与门人立,拱而尚右。二三子亦皆尚右。孔子曰:"二三子之嗜学也。我则有姊之丧故也。"二三子皆尚左。

孔子蚤作，负手曳杖，消摇于门，歌曰："泰山其颓乎！梁木其坏乎！哲人其萎乎！"既歌而入，当户而坐。

子贡闻之，曰："泰山其颓，则吾将安仰？梁木其坏，（哲人其萎，）则吾将安放？夫子殆将病也？"遂趋而入。

夫子曰："赐！尔来何迟也！夏后氏殡于东阶之上，则犹在阼也。殷人殡于两楹之间，则与宾主夹之也。周人殡于西阶之上，则犹宾之也。而丘也，殷人也。予畴昔之夜，梦坐奠于两楹之间。夫明王不兴，而天下其孰能宗予？予殆将死也。"盖寝疾七日而没。

孔子之丧，门人疑所服。子贡曰："昔者夫子之丧颜渊，若丧子而无服；丧子路亦然。请丧夫子若丧父而无服。"

孔子之丧，公西赤为志焉：饰棺墙，置翣，设披，周也；设崇，殷也；绸练设旐，夏也。

子张之丧，公明仪为志焉：褚幕丹质，蚁结于四隅，殷士也。

子夏问于孔子曰："居父母之仇，如之何？"夫子曰："寝苫，枕干，不仕，弗与共天下也。遇诸市朝，不反兵而斗。"曰："请问居昆弟之仇如之何？"曰："仕，弗与共国。衔君命而使，虽遇之不斗。"曰："请问居从父昆弟之仇，如之何？"曰："不为魁。主人能，则执兵而陪其后。"

孔子之丧，二三子皆绖而出。群居则绖，出则否。

易墓，非古也。

子路曰："吾闻诸夫子：丧礼，与其哀不足而礼有馀也，不若礼不足而哀有馀也。祭礼，与其敬不足而礼有馀也，不若礼不足而敬有馀也。"

曾子吊于负夏。主人既祖，填池，推柩而反之，降妇人而后行礼。从者曰："礼与？"曾子曰："夫祖者且也，且胡为其不可以反宿也？"

从者又问诸子游曰："礼与？"子游曰："饭于牖下，小敛于户内，大敛于阼，殡于客位，祖于庭，葬于墓，所以即远也。故丧事有进而无退。"

曾子闻之，曰："多矣乎予出祖者！"

曾子袭裘而吊，子游裼裘而吊。曾子指子游而示人曰："夫夫也，为习于礼者，如之何其裼裘而吊也？"

主人既小敛，祖、括发。子游趋而出，袭裘带经而入。曾子曰："我过矣，我过矣！夫夫是也！"

子夏既除丧而见，予之琴，和之而不和，弹之而不成声。作而曰："哀未忘也。先王制礼，而弗敢过也。"

子张既除丧而见，予之琴，和之而和，弹之而成声。作而曰："先王制礼，不敢不至焉。"

司寇惠子之丧，子游为之麻衰、牡麻经。文子辞曰："子辱与弥牟之弟游，又辱为之服，敢辞。"子游曰："礼也。"文子退，反哭。

子游趋而就诸臣之位，文子又辞曰："子辱与弥牟之弟游，又辱为之服，又辱临其丧，敢辞。"子游曰："固以请。"

文子退，扶适子南面而立，曰："子辱与弥牟之弟游，又辱为之服，又辱临其丧，虎也敢不复位？"子游趋而就客位。

将军文子之丧，既除丧而后越人来吊。主人深衣练冠，待于庙，垂涕洟。

子游观之，曰："将军文氏之子，其庶几乎！亡于礼者之礼也，其动也中。"

幼名，冠字，五十以"伯"、"仲"，死谥，周道也。经也者，实也。

掘中霤而浴，毁灶以缀足；及葬，毁宗躐行，出于大门：殷道也。学者行之。

子柳之母死，子硕请具，子柳曰："何以哉？"子硕曰："请粥庶弟之母。"子柳曰："如之何其粥人之母以葬其母也？不可！"

　　既葬，子硕欲以赙布之馀具祭器，子柳曰："不可。吾闻之也，君子不家于丧。请班诸兄弟之贫者。"

　　君子曰：谋人之军师，败则死之。谋人之邦邑，危则亡之。

　　公叔文子升于瑕丘，蘧伯玉从。文子曰："乐哉斯丘也！死则我欲葬焉。"蘧伯玉曰："吾子乐之，则瑗请前。"

　　弁人有其母死而孺子泣者。孔子曰："哀则哀矣，而难为继也。夫礼，为可传也，为可继也，故哭踊有节。"

　　叔孙武叔之母死，既小敛，举者出户；出户袒，且投其冠，括髮。子游曰："知礼。"

　　扶君，卜人师扶右，射人师扶左。君薨以是举。

　　从母之夫，舅之妻，（二夫）〔夫二〕人相为服：君子未之言也。或曰：同爨缌。

　　丧事欲其纵纵尔，吉事欲其折折尔，故丧事虽遽不陵节，吉事虽止不怠。故骚骚尔则野，鼎鼎尔则小人。君子盖犹犹尔。

　　丧具，君子耻具。一日二日而可为也者，君子弗为也。

　　丧服：兄弟之子犹子也，盖引而进之也；嫂叔之无服也，盖推而远之也；姑、姊妹之薄也，盖有受我而厚之者也。

　　食于有丧者之侧，未尝饱也。

　　曾子与客立于门侧，其徒趋而出。曾子曰："尔将何之？"曰："吾父死，将出哭于巷。"曰："反，哭于尔次。"曾子北面而吊焉。

　　孔子曰："之死而致死之，不仁而不可为也。之死而致生之，不知而不可为也。是故竹不成用，瓦不成味，木不成斫，琴瑟张而不平，竽笙备而不和，有钟磬而无簨虡。其曰明器，神明之也。"

　　有子问于曾子曰："（问）〔闻〕丧于夫子乎？"曰："闻之矣：丧欲速贫，死欲速朽。"有子曰："是非君子之言也。"曾子曰："参也闻诸夫子也。"有子又曰："是非君子之言也。"曾子曰："参也与子游闻之。"有子曰："然。然则夫子有为言之也。"

　　曾子以斯言告于子游。子游曰："甚哉，有子之言似夫子也！昔者夫子居于宋，见桓司马自为石椁，三年而不成。夫子曰：'若是其靡也，死不如速朽之愈也。'死之欲速朽，为桓司马言之也。南宫敬叔反，必载宝而朝。夫子曰：'若是其货也，丧不如速贫之愈也。'丧之欲速贫，为敬叔言之也。"

曾子以子游之言告于有子。有子曰："然。吾固曰'非夫子之言也'。"曾子曰："子何以知之？"有子曰："夫子制于中都，四寸之棺，五寸之椁，以斯知不欲速朽也。昔者夫子失鲁司寇，将之荆，盖先之以子夏，又申之以冉有，以斯知不欲速贫也。"

陈庄子死，赴于鲁。鲁人欲勿哭。

缪公召县子而问焉。县子曰："古之大夫，束脩之问不出竟；虽欲哭之，安得而哭之？今之大夫，交政于中国；虽欲勿哭，焉得而弗哭？且臣闻之：哭有二道，有爱而哭之，有畏而哭之。"公曰："然。然则如之何而可？"县子曰："请哭诸异姓之庙。"于是与哭诸县氏。

仲宪言于曾子曰："夏后氏用明器，示民无知也。殷人用祭器，示民有知也。周人兼用之，示民疑也。"曾子曰："其不然乎！其不然乎！夫明器，鬼器也；祭器，人器也。夫古之人胡为而死其亲乎！"

公叔木有同母异父之昆弟死，问于子游。子游曰："其大功乎？"狄仪有同母异父之昆弟死，问于子夏。子夏曰："我未之前闻也。鲁人则为之齐缞。"狄仪行齐缞。今之齐缞，狄仪之问也。

子思之母死于卫。柳若谓子思曰："子，圣人之后也，四方于子乎观礼，子盖慎诸！"子思曰："吾何慎哉？吾闻之：有其礼，无其财，君子弗行也。有其礼，有其财，无其时，君子弗行也。吾何慎哉！"

县子琐曰："吾闻之：古者不降，上下各以其亲。滕伯文为孟虎齐缞，其叔父也；为孟皮齐缞，其叔父也。"

后木曰："丧，吾闻诸县子曰：'夫丧，不可不深长思也。买棺外内易。'我死则亦然。"

曾子曰："尸未设饰，故帷堂。小敛而彻帷。"仲梁子曰："夫妇方乱，故帷堂。小敛而彻帷。"

小敛之奠，子游曰："于东方。"曾子曰："于西方。敛斯席矣。"

小敛之奠在西方，鲁礼之末失也。

县子曰："绤衰繐裳，非古也。"

子蒲卒，哭者呼"灭"。子皋曰："若是野哉！"哭者改之。

杜桥之母之丧，宫中无相，以为沽也。

夫子曰："始死、羔裘玄冠者，易之而已。"羔裘玄冠，夫子不以吊。

子游问丧具，夫子曰："称家之有亡。"子游曰："有（无）〔亡〕恶乎齐？"夫子曰："有，毋过礼。苟亡矣，敛首足形，还葬，县棺而封，人岂有非之者哉？"

司士贲告于子游曰："请袭于床。"子游："诺。"县子闻之，曰："汰哉叔氏！专以礼许人。"

宋襄公葬其夫人，醯醢百瓮。曾子曰："既曰明器矣，而又实之。"

孟献子之丧，司徒〔敬子使〕旅归四〔方〕布。夫子曰："可也。"读赗，曾子曰："非古也。是再告也。"

成子高寝疾。庆遗入，请曰："子之病革矣，如至乎大病，则如之何？"子高曰："吾闻之也：'生有益于人，死不害于人。'吾纵生无益于人，吾可以死害于人乎哉？我死，则择不食之地而葬我焉！"

子夏问诸夫子曰："居君之母与妻之丧，……""居处言语饮食衎尔。"

宾客至，无所馆。夫子曰："生于我乎馆，死于我乎殡。"

国子高曰："葬也者，藏也。藏也者，欲人之弗得见也。是故衣足以饰身，棺周于衣，椁周于棺，土周于椁，反壤树之哉？"

孔子之丧，有自燕来观者，舍于子夏氏。子夏曰："圣人之葬人与？人之葬圣人也，子何观焉？昔者夫子言之曰：'吾见封之若堂者矣，见若坊者矣，见若覆夏屋者矣，见若斧者矣，〔吾〕从若斧者焉。'马鬣封之谓也。今一日而三斩板、而已封，尚行夫子之志乎哉！"

妇人不葛带。

有荐新，如朔奠。

既葬，各以其服除。

池视重霤。

君即位而为椑，岁壹漆之，藏焉。

复，楔齿，缀足，饭，设饰，帷堂，并作。父兄命赴者。

君复于小寝、大寝、小祖、大祖、库门、四郊。

丧不剥，奠也与？祭肉也与！

既殡，旬而布材与明器。

朝奠日出，夕奠逮日。

父母之丧，哭无时，使必知其反也。

练：练衣黄里，縓缘。葛要绖。绳屦无絇。角瑱。鹿裘：衡，长，祛；祛，裼之可也。

有殡，闻远兄弟之丧，虽缌必往。非兄弟，虽邻不往。所识，其兄弟不同居者皆吊。

①公仪仲子：郑玄说他"盖鲁同姓"。公仪是氏，仲子是字。

②檀弓：鲁人之知礼者。姓檀，名弓。

③舍其孙而立其子：周制，嫡长子死，当立嫡长孙为继承人，不得立嫡长子以外的其他儿子。

④居：句末语气词，表疑问。

⑤子服伯子：公仪仲子之同宗兄弟。

⑥昔者二句：伯邑考是文王之嫡长子，武王之兄。

⑦立孙：立嫡长孙为后。孔子乃据周礼而下结论。因为公仪仲子是鲁人，与周同姓，当用周礼。

译 文

公仪仲子家办丧事，檀弓穿戴着"免"这种丧服去吊丧。仲子不立嫡孙而立庶子为丧主，因此檀弓说："这究竟是为什么呀？我从来还没有听说过周人有这样的礼俗。"于是快步走到门的右边，问子服伯子，说："仲子不立嫡孙，而立庶子为丧主，这是为什么？"伯子说："仲子只不过是按照前人的规矩行事罢了！从前周文王不立适子伯邑考，而立武王；宋微子不立嫡孙腯，而立庶子衍。仲子只不过是依照前人的规矩行事罢了。"后来，子游向孔子请教这件事，孔子说："不对！应该立嫡孙为丧主。"

　　服侍父母，如果父母有过失，应该委婉地劝谏，不可犯颜指责。子女在父母左右伺候，事事躬亲，不分彼此，这样尽力服侍到他们去世，然后依照丧礼诚心诚意守丧三年。至于侍奉国君，如果国君有过失，就应该犯颜直谏，而不应该替他掩饰。在国君左右侍奉，尽心做好自己的职司，不能越责，这样竭诚侍奉到他去世，然后比照斩衰的丧礼守丧三年。至于服侍老师，如果老师有过失，不须犯颜直谏，也没有必要进行掩饰。众弟子在老师左右侍候，也是事事躬亲，也不分彼此，这样竭力侍候到他去世之后，虽然不用穿丧服，但悲痛之情犹如丧父，一直这样三年。

　　季武子新建一座住宅，而杜氏的墓葬就在住宅的西阶下，因此就请求季武子准许他们把先人的遗骸移出，祔葬在别的地方。季武子答应了他们的请求。可是，他们进入季武子的新住宅，却不敢依礼哀哭。武子说："合葬本不是古代的礼俗，但自周公以来，就有合葬，至今不曾改变这种做法。我既然答应他们可以合葬，怎么会不允许他们依礼哀哭呢？"于是让杜家的人依礼哀哭。

子上的母亲离婚后死了，子上没有为她戴孝。子思的学生向子思请教说："从前老师的祖上不是也为已离婚的母亲戴孝守丧吗？"子思回答说："是的。""那么老师不叫子上为他母亲戴孝守丧，这是为什么呢？"子思又回答说："从前，我祖上并没有失礼的地方。依照礼该隆重的就随着隆重，该降等的就随着降等。而我又怎么能做到这一点呢？是我的妻子，也就是孔白的母亲；不是我的妻子，当然也就不是孔白的母亲了。"因此孔氏不为已离婚的母亲戴孝守丧，大概就是从子思开始的吧！

孔子说："先跪拜，然后再叩头，这是很恭敬的。先叩头，然后再拱手拜，这是极为诚恳而悲痛的。父丧三年，我以为要遵从后者。"

孔子已经把父母在防地合葬，说："我听说过：'古代只有墓，不加土起坟。'现在我是个四方奔走的人，不可以不加上标帜。"因此在墓上加土，高到四尺。孔子先回去了，弟子们还在那里料理。下了阵大雨，弟子们才回来了。孔子问他们说："你们怎么回来得这样迟？"他们回答说："防地的坟墓坍了。"孔子没做声。弟子们连说了三次，孔子才流着泪说："我听说过：'古人是不在墓上加积土的。'"

孔子在正室的前庭哭子路。有使者来吊丧，孔子就以主人的身份答拜。哭过之后，召见来报丧的使者，问子路被杀的情形。使者说："已经被剁成肉酱了。"孔子就叫人把吃的肉酱倒掉。

曾子说："朋友的坟墓上有了隔年的草，就不应该再哭了。"

子思说："人死了三天之后就行殡礼，凡是要随尸体入殓的衣衾等物，一定要按照殡礼的规定真诚信实地去办理，不要让自己以后有所悔恨才行。三个月以后下葬，凡要随棺殉葬的明器，一定要按照葬礼的要求真诚信实地去办理，不要让自己以后有所悔恨才行。守丧三年，这是丧礼的极限，可以忘记了，但孝子仍然不能忘记。所以君子一辈子都怀有对亲人哀思的感情，但却没有一天因哀思而毁灭自己的本性。所以只有在忌日这一天才不奏乐。"

孔子年幼时就没有父亲，不知道父亲在五父衢的墓是浅葬还是深葬。当时见到的人都以为是深葬。孔子为慎重起见，问鄹曼父的母亲，才得知是浅葬。然后让母亲与父亲合葬在防这个地方。

邻居有丧事，舂米时不唱歌；邻里在出殡，巷子里就没有歌声。戴丧冠，不应该让帽带的末梢垂着。

虞舜时，用陶器作棺材；夏代烧砖，砌在瓦棺的周围；殷代才开始有棺和椁；周代则更在棺材外面竖立屏障，并在屏障上装饰柳翣。周代的人用殷代的棺葬长殇，用夏代的棺葬中殇和下殇，用虞舜时代的棺葬无服之殇。

夏代崇尚黑色：办丧事、入殓都在黄昏的时候，军队作战时也驾着黑马，就连祭祀用的牺牲也用黑色的。殷代崇尚白色：办丧事、入殓都在正午的时候进行，军队作战时也驾着白马，就连祭祀用的牺牲也选用白色的。周代崇尚赤色：办丧事、入殓都在日出的时候进行，军队作战时也驾着赤色的马，就连祭祀用的牺牲也要选用赤色的。

穆公的母亲去世，就打发人去向曾申请教说："你看应该怎样办理丧事？"曾申回答说："我曾听我父亲这样说过：'用哭泣来抒发心中的悲哀，穿着齐缞、斩衰以报答父母的养育之恩，每天喝点稀粥以表达思念父母的忧伤感情。从天子到百姓都是如此。用麻布做幕，是卫国的习俗；而用绸布做幕，那是鲁国的习俗。'"

晋献公要杀太子申生，公子重耳对申生说："你怎么不向父亲申诉自己的冤屈呢？"太子说："不行！父亲有了骊姬在身边才快活，我要是这样做，那就太伤他老人家的心了。"重耳又说："那么为什么不逃走呢？"太子回答说："不行！父亲说我想谋害他，天下难道还有没有父亲的国家，愿意接纳我这个背着弑父罪名的人吗？我还能逃到什么地方去呢？"申生派人转告狐突说："申生背了弑父的罪名，就是因为没能听从您的话，这才落到杀头的地步。申生不敢贪生怕死，然而，我父亲年纪大了，别的儿子年纪又小，再加上国家正处在多难之秋，而您又不愿出来为他谋划。你如果肯出来替他谋划，申生就甘愿受死，死而无憾了。"申生行再拜叩头之礼，就自杀了。因此谥为"恭世子"。

鲁国有人在早上才行过大祥祭，脱掉丧服，到了晚上就唱起歌来，子路就讥笑他。孔子说："由，你责备别人，总是没完没了！三年的丧期，也已经很久了。"子路走了以后，孔子又说："那个人又哪里需要等多久呢？只要过一个月再唱歌，就很好了。"

鲁庄公与宋国在乘丘作战，县贲父驾车，卜国做车右。拉车的马突然受惊，搅乱了作战的队列，庄公也被摔下车来，幸亏副车抛给他一根绳索，才把他拉上车来。庄公说："也许是事先没有占卜的缘故。"县贲父说："平常驾车从来没有乱了队列，而偏偏今天在战场上就乱了队列，这是我缺乏勇气的缘故。"于是就自杀了。后来养马的马夫给马洗刷的时候，发现有支飞箭插在马股内侧的肉上。庄公说："这次事故不是贲父的罪过！"于是就为他作诔。士死后有人为他们作诔，就是从这时开始的。

曾子卧病不起，病得十分沉重。乐正子春坐在他的床下，曾元、曾申坐在他的脚旁，一个小孩坐在角落里，手上端着蜡烛。小孩子说："多么华丽光润呀！这是大夫才能用的席子吧？"子春说："别做声！"曾子听见了，忽然惊醒过来，发出嘘气之声，小孩子又说："多么华丽光润呀！这是大夫才能用的席子吧？"曾子说："是的，那是季孙氏送的，我身体虚弱，没能及时地换掉它。元！起来把席子换掉！"曾元说："您老人家的病已经很危急了，不能移动。希望能等到天亮，再恭谨小心地调换。"曾子说："你对我的爱还比不上那个小孩子。一个有德行的人，他爱别人，就要成全别人的美德；只有小人爱别人，才会苟且讨人喜欢。我现在还企求什么呢？我只盼望端端正正地死了，就这样罢了。"于是，他们扶起曾子，给他更换席子。等到再把他放回席子，还没安定下来，他就死了。

亲人刚去世的时候，真是痛不欲生，好像一切都已到尽头。殡以后，神情不安，好像在寻找什么，却又什么都没找到的样子。下葬以后，栖栖惶惶若有所失，好像在等待亲人，而又没等到的样子。小祥过后，就感慨时间过得太快。大祥过后，还觉得空虚冷清。

郑娄国的人用箭来招魂，是从升陉之战以后开始的。鲁国的妇女去掉发巾、露着发髻去吊丧，是从壶鲐战败以后开始的。

南宫绾的妻子死了婆婆，孔子就教她做丧髻的格式说："你不要做得过高，你也不要做得过大，要用榛木做一尺长的簪子，而束发的带子只能垂下八寸。"

孟献子行过禫祭后，将乐器挂着，而不愿奏乐；到能够让妻妾陪侍时，仍然不肯进房门。孔子说："献子确实超过别人一等啊！"

孔子在祥祭五天以后弹琴，声调还不和谐。但十天以后吹笙，就把曲子吹得十分和谐了。

有子在大祥刚结束，就马上穿起有丝饰的鞋子，带起有组缨的帽子来。

人死了可以不去吊丧的有三种情形：受了冤屈而轻生自杀的，不当心被压死的，涉水被淹死的。

子路穿姊妹的丧服，到九个月期满的时候可以除掉丧服，可是他却不肯除掉。孔子就问他："为什么还不除掉丧服呢？"子路回答说："我兄弟少，所以不忍心很早就除掉它啊。"孔子说："这是先王制定的礼仪，凡是仁义之人都有不忍之心。"子路听了，就除掉丧服。

太公封在营丘，可是直到五世的子孙，死后都还送回周地埋葬。君子说："音乐，是表现人们发自内心的情感；礼的基本精神，也就在于不忘根本。古人有句俗话说：'狐狸死了，它的头必定正好对着狐穴的方向。'这也是仁的表现。"

伯鱼的母亲去世了，已经满了周年，可是他还在哭泣。孔子听见了就问道："是谁在哭呀？"他的弟子回答说："是鲤。"孔子嘻了一声说："那太过分了。"伯鱼听到这话以后，就除掉丧服不再哭了。

舜葬在苍梧山中，大概他的三位妃子都没有跟去合葬。季武子说："大概从周公开始才有夫妇合葬的事。"

曾子家办丧事，是在厨房浴尸的。

服大功丧服的，就得中止学业。可是也有人说："服大功的，还可以诵读。"

子张病得很厉害，把申祥叫到跟前，对他说："德行高尚的君子去世叫'终'，而普通的人只能叫'死'；我现在差不多可以说'终'了吧？"

曾子说："刚死时所设的奠，或可以用庋阁上所剩的现成食品。"

曾子说："小功的丧服，不按序列亲疏之位而嚎哭，这是小巷里不备礼的老百姓所行的。子思哭他的嫂子就在规定的位上，而且由妇女领头跳跃顿足嚎哭的。申祥哭言思也是这样。"

古代的冠都是直缝的，现在却是横缝的。而把直缝的作为丧冠，所以丧冠就与吉冠相反，那并不是古制。

曾子告诉子思说："伋，我为父亲守丧，七天没喝一口水、米汤。"子思说："先王制定礼仪，就是要让做得过分的人委屈自己来迁就它，让那些做不到的人勉力来达到它。所以君子在为亲人守丧的时候，只是三天不喝水、米汤，扶着丧杖能站起来。"

曾子说："小功的丧服，在丧期已过才听到，就不用补服丧服。那么，凡远道的从祖兄弟最后就没有丧服了，这样行吗？"

伯高家办丧事，孔家吊丧的使者还没有到，于是冉子就代为准备了一束帛四匹马，装作是奉了孔子的命令前去吊丧的。孔子说："这不一样啊！那样做是徒然使我失去了对伯高的诚意。"

伯高死在卫国。向孔子报丧，孔子说："我在哪里哭他呢？如果是兄弟，我在祖庙里哭他；如果是父亲的朋友，我就在庙门外面哭他；如果是老师，我就在自己住的正室里哭他；如果是朋友，我就在正室的门外哭他；如果只是一般的泛泛之交，我就在郊外哭他。至于我和伯高的关系，在郊外哭他，嫌太疏远；在正室又嫌太重。他只是由子贡介绍和我见过面，我还是到子贡家去哭他吧！"于是就叫子贡做丧主，并说："来吊丧的人，如果是为了你的关系而来哭的，你就拜谢；为了和伯高有交情而来哭的，就不用你来拜谢。"

曾子说："居丧的时候如果生病了，可以吃肉喝酒，但一定要加草木的味道。"这里说的是用姜桂等香料来调味。

子夏因为死了儿子而哭瞎了眼睛。曾子去慰问他，并说："我听说过：朋友丧失了视力，就应该去安慰他，替他难过。"说着说着，曾子就哭了。子夏也跟着哭了起来。子夏说："天啊！我是没有什么罪过的啊！"曾子生气地说："商！你怎么没有罪过呢？我和你曾一起在洙水和泗水之间事奉老师。老师去世后，你回到西河之上度晚年，却让西河人民以为你比得上老师，这是你的第一件罪过；过去你为亲长守丧期间，在百姓中并没有好名声，这是你的第二件罪过；现在你又因为死了儿子而哭瞎了眼睛，这是你的第三件罪过。你还要说你没有什么罪过吗？"子夏丢开手杖拜谢说："我错了！我错了！我离开同道好友，独自居住的时间也已经太长久了。"

如果大白天还睡在屋里，亲朋好友就可以去探望他的病；如果夜里睡在中门外，亲朋好友就可以前去吊丧。因此，君子非遭到大的变故，不夜宿于中门之外；除非是祭祀前的戒斋，或者是生病，否则也不会日夜都睡在屋里。

高子皋在为父亲守丧的时候，暗暗地落了三年泪，从来没有笑过，君子都认为这是很难做到的。

至于穿丧服，如果丧服的规格，或者孝子的心情举止和穿的丧服不一致，那就不如不穿丧服。穿着齐缞，就不能偏倚而坐；穿着大功，就不能出来办事。

孔子路过卫国，刚巧碰上过去的馆舍主人的丧事，便进去吊丧，哭得很伤心。出来后，就叫子贡解下马车的骖马赠送给丧家。子贡说："对于门人的丧事，就从来没有解下马来助丧的事，现在倒要解下马匹来为馆舍主人助丧，这不是太过分了吗？"孔子说："我刚才进去吊丧，正好触动了心里的悲哀而流下泪来。我不愿意光流泪而没有别的表示。你还是照我的话去做吧！"

孔子在卫国的时候，碰到有人送葬，孔子就在一旁观看，并且说："这丧事办得太好了，可以作为榜样了。你们要好好记着。"子贡说:"老师为什么称赞这件丧事办得好呢?"孔子回答说:"那孝子在送枢时,就像小孩追随父母一样哭叫着;下葬回来时,又像在哀痛亲人的魂灵还在墓穴,没有跟他回家,因而迟疑不前。"子贡说:"这还不如赶快回家举行安神的虞祭吧?"孔子说:"你们要好好记着这好榜样,我还未必能做到呢!"

为颜渊办丧事的时候,丧家送来大祥的祭肉,孔子到门外去接受了祭肉。他回到屋里,弹过琴以后才吃祭肉。

孔子和门人一起站在那里,他拱手的样子是用右手掩着左手,弟子们也都跟着用右手掩着左手。孔子说:"你们真是太喜欢学我了,我是因为有姊姊的丧事的缘故才这样子的。"于是弟子们都改过来,用左手掩着右手。

孔子一大早就起来了,背着手,拖着手杖,一边自由自在地在门口散步,一边唱着歌:"泰山要坍了吧?梁木要坏了吧?哲人要凋落了吧?"唱完歌就回到屋里,对着门坐下。子贡听到歌声说:"如果泰山崩坍了,那我们将要仰望什么呢?如果梁木坏了,哲人凋落了,那我们将要仿效谁呢?老师大概要生病了吧!"于是就快步走了进去。

孔子说:"赐!你为什么来的这样迟呢?夏代停枢在东阶上,那还是在主位上;殷人停枢在东西两楹之间,那是处在宾主位之间;周人停枢在西阶上,那就像把它当做宾客一样。而我是殷人,前日夜里我梦到自己安坐在东西两楹之间。既然没有圣明的王者出世,天下又有

谁会尊崇我坐在两楹之间的尊位上呢?这样看来,我大概是快要死了吧!"孔子卧病七天以后就去世了。

给孔子办丧事时,弟子们都不知道应该穿哪一等丧服。子贡说:"过去老

师在处理颜渊的丧事时，就像死了儿子一样，但不穿丧服。处理子路的丧事也是这样。现在请大家对老师的丧事，就像对父亲的丧事一样悲哀痛悼，但不必穿戴丧服，只需在头上和腰间系上麻带就行了。"

孔子的丧事，是公西赤主办的。他用三代样式装饰棺柩；在柩帷外设置了翣和披，这是周人的样式；设置崇牙旌旗，这是殷人的样式；设置了用素绸缠绕旗杆的魂幡，这是夏人的样式。

子张的丧事，是公明仪主办的。用红布做成覆棺的帐幕，并在四角画上像蚁行往来交错的纹路，这是殷代的士礼。

子夏问孔子说："对于杀害父母的仇人，应该怎么办？"孔子回答说："夜里睡在草垫上，枕着盾牌，不去做官，和仇人不共戴天。如果在市上或公门遇到了，立即取出随身携带的兵器和他决斗。"又问道："请问对于杀害兄弟的仇人，应该怎么办？"回答说："不和仇人在同一个国家做官，如果身负君命出使他国时，遇上了仇人的话，也不可以和他决斗。"又问道："请问对于杀害堂兄弟的仇人，应该怎么办呢？"回答说："不必自己带头去报仇，但如果死者的亲人能去报仇的话，那么自己就拿着武器，跟在后面协助。"

孔子之丧，弟子们在家在外，都在头上和腰间扎上麻绳。弟子之间有丧，在家里则扎麻经，而出门就不扎了。

芟治墓地，并不是古来就有的习俗。

子路说："我听老师说过：'举办丧礼，与其内心缺少悲哀的感情而过分地去讲究礼仪的完备，还不如让礼仪欠缺些而使内心充满悲哀的感情；举行祭礼，与其内心缺少敬意而过分地去讲求礼仪的完备，还不如让礼仪欠缺些而使内心充满敬意。'"

曾子到负夏吊丧，主人已经行过祖奠，在柩上也设置了池，见曾子来吊丧，就把柩车推回原位，让妇人退到台阶下，然后行礼。随从的人问曾子说："这合乎礼吗？"曾子回答说："祖奠是一种暂时的程序，既然是暂时的，为什么不可以把柩车推回原位呢？"随从的人又去问子游："这合乎礼吗？"子游回答说："在室内窗下饭含，在室内对着门的地方小敛，在堂上主位大敛，在客位停柩，在庙前庭里祖奠，最后葬于墓，这种过程是为了表示逐渐远去。所以丧事只能是有进而无退的。"曾子听见了这话以后，说："他说的出祖的礼，比我说的好多了。"

曾子以袭裘的装束去吊丧，而子游却以裼裘的装束去吊丧。于是曾子指着子游给别人看，并说："这个人是讲求礼仪的人，怎么却敞开外衣来吊丧呢？"小敛以后，主人袒露左臂，用麻束发。子游这才快步出去，改换成袭裘的装束，在头上和腰间扎上葛带，然后进来。曾子见到后，连忙说："是我错了，是我错了，这个人的做法是对的。"

子夏服满除丧后去见孔子，孔子递给他一张琴，他却没有办法调整好琴柱，使五音和谐，而且弹起来也不成声调。他站起来说："虽然我内心悲哀的感情还没有忘掉，但先王既然制定了礼仪，所以我不敢超过规定的期限，只得除掉丧服。"子张居丧期满后去见孔子，孔子递给他一张琴，他一调整弦柱，五音就和谐了，而且一弹就成乐调。他站起来说："虽然我心中的悲哀已经淡薄了，但先王既然已制定了礼仪，那么我也不敢不依照礼的规定去做。"

司寇惠子家里办丧事，子游穿着麻衰，又加上牡麻绖，前去吊丧。文子辞谢说："过去辱蒙您与我弟弟交往，现在又屈尊来为他吊丧，实在不敢当。"子游说："我只不过是依礼行事罢了。"文子只好退回原位继续哭泣。于是子游快步走向家臣们的位置。文子又辞谢说："过去辱蒙您与我弟弟交往，现在又委屈你为他穿吊服，而且还屈尊来参加他的丧礼，实在不敢当。"子游说："请务必不要客气。"文子这才退下去，扶出惠子的适子虎就主位，南面而立，说："辱蒙您和我弟弟交往，又委屈您为他穿吊服，而且还屈尊来参加他的丧礼，虎怎么敢不就主位来拜谢呢！"子游这才快步就宾客的位置。

将军文子去世的那次丧事，在已经服满除丧以后，又有越人来吊丧。主人穿着麻衣，戴着练冠，在祖庙里受吊，流着眼泪鼻涕。子游见了说："将军文子的儿子，可算懂得礼了吧！这些常礼所没有的礼，他的举止是那样恰当。"

年幼时称呼名，二十岁行过冠礼之后就称呼字，五十岁以后就按照他的排行，称他为伯为仲，死后称谥号，这是周代的制度。头上和腰间扎上麻绖，是用来表达内心真诚的哀思。在室内中央挖个坑来浴尸，毁掉灶而用灶砖床拘牵死者的脚；到了出葬的时候，毁掉庙墙，越过行神的坛位，不经中门就直接把柩车拉出，这是殷人举行丧礼的方式。而那些向孔子学习的人，也都跟着仿效殷人举行丧礼的方式。

子柳的母亲去世了，子硕请求置办葬具。子柳说："拿什么钱去置办葬具呢？"子硕回答说："把庶弟的母亲卖了。"子柳说："怎么能卖别人的母亲来葬自己的母亲呢？不能这样做。"下葬之后，子硕又想要用剩余的赙金置办祭器。子柳说："不能这样做，我听说：'君子是不愿意靠丧事来谋取私利的，还是把剩余的赙金分给兄弟中贫困的人吧。'"

君子说："指挥军队作战，如果打了败仗，就应该以身殉国。负责治理国家，如果使国家动荡不安，就应该受到斥谪，放逐外出。"

公叔文子登上瑕丘，蘧伯玉也跟他一起登上去。文子说："这座山丘风景真好，我死了，愿意就葬在这里。"蘧伯玉说："你这样喜欢这里，那么我愿死在您前面，抢先葬在这里。"

弁地有人死了母亲，像婴儿一样尽情地痛哭。孔子说："他这样做是尽情地表达他的悲哀感情了，但这不是一般人所能达到的。作为礼，是能普及大众的，是要人人都能做到的。所以说丧礼的哭踊是有一定节度的。"

叔孙武叔的母亲去世了，小敛以后，举尸者把尸体抬出室户至堂上，叔孙武叔也跟着出户，急忙袒露左臂，再把戴的帽子甩掉，用麻束发。子游说："这也算懂得礼吗？"

国君有病，搀扶国君的是：仆人扶右边，射人扶左边。国君刚去世时，仍由他们抬正尸体。

甥对姨夫、甥对舅母，对这两种人相互应该服什么丧服，从前知礼的君子，都没有说。有人说：如果在一个锅里吃饭的话，就应该互为对方穿缌麻服。

办理丧事，都希望尽快地办好；筹办吉事，都想从从容容地办。所以丧事虽然急迫，但却不能凌越节次，草率从事；吉事虽然舒缓，可以稍事停息，但却不可以懈怠。因此，过分急迫了，就显得粗鄙失礼；过分拖沓了，就会像不懂礼节的小人一样太不庄重。明达礼仪的君子无论办丧事，还是办吉事，都能适中得体。

送死的棺木、衣物等，君子是不愿意预先置办齐全的。那些一两天内可以赶制出来的送死的东西，君子是绝对不预先置办好的。

按丧服的规定，兄弟的儿子就和自己的众子一样，服丧一年，这样是为了加深伯叔侄间的感情而使之更亲近些；嫂叔之间无服，这样是为了避免嫌疑而推得更疏远些；姑、姊妹出嫁以后，降等服大功，这样做是为了让娶她的人一并将深恩重服承受过去。

在有丧服的人旁边用膳，从来就没有吃饱过。

曾子和客人站在大门旁边，有个弟子快步走出门去。曾子问他说："你要上哪儿去？"弟子回答说："我父亲去世了，我正要到巷子里去哭。"曾子说："回到你自己的房间里去哭吧。"然后曾子北面就宾位向他致吊。

孔子说："送葬而看作他全无知觉，这太缺乏仁爱之心了，不能这样做；送葬而看作他还像活人那样，那又太缺少理智了，也不能这样做。因此作为陪葬的明器应该是这样的：竹器没边框，不好使用；陶器没有烧过，不能盛水洗脸；木器没有加过工，不好使用；琴瑟张了弦，但没有调正，不能弹；竽笙齐备了，但音调却不调和，不能吹；有了钟磬，但没有木架，不能敲。这样的器物就称作'明器'，意思是把死者当做神明来待奉。"

有子问曾子说；"你听到过老师说失去官职以后该怎么办吗？"曾子回答说："我听他提到过这件事：仕而失去了官职，最好要尽快贫困下来；死了，最好是快点烂掉。"有子说："这不像德行高尚的君子说的话。"曾子说："这是我亲耳从老师那里听到的。"有子仍然说："这不像德行高尚的君子说的话。"曾子说："我和子游都听到这句话的。"有子说："是的，但那一定是老师针对什么特定的事情而说的。"曾子把这些话告诉子游，子游说："真是了不得，有子的口气真像老师。以前，老师在宋国，看到桓司马亲自设计石椁，匠人用了三年时间还没有磨琢成功。老师就说：'一个人死了，如果要像这样糜费，那还不如快点腐烂好。'人死了，最好快点烂掉的话，那是针对桓司马说的。南宫敬叔失去了官职以后，每次回朝，总是带着财物宝货来，谋求官位。老师见了就说：'如果像他这样用许多财物宝货来谋求官位。那么在失去官职以后，还不如尽快贫困的好。'失去官职，最好尽快贫困的话，是针对南宫敬叔说的。"

曾子把子游的话告诉了有子，有子说："这就对了，我本来就说这不是老师的一贯主张。"曾子说："你怎么知道的？"有子说："以前，老师在做中都宰时曾制定下法度，棺要四寸厚，椁要五寸厚，就凭这一点，我知道老师不主张人死了要尽快腐烂。当年老师失去鲁国司寇的职位，要到楚国去的时候，记得是先派子夏去安排，紧接着又派冉有去看楚国是否可仕。根据这种态度，我就知道他不主张失去官职就想尽快贫困的。"

陈庄子死了，向鲁国发了讣告，鲁君想不为他哭。因此鲁缪公召见县子，征询他的意见。县子说："古代的大夫，连赠送十条干肉这样微薄的礼物都不出境——和外国根本没有私交，因此就是想为他们的丧事而哭，又根据什么礼而哭呢？现在的大夫，把持国家大权，和中原各国相互交结，因此就是想不为他们哭，又怎么能办得到呢？况且我听说过，哭的原因有两种：有的是因为爱他而哭，有的则是因为怕他才哭。"缪公说："是的，我就是因为怕他才哭。可是怎样哭法才行呢？"县子说："那就请到异姓的宗庙里去哭吧！"于是缪公就到县氏的宗庙里去哭了。

仲宪对曾子说："夏代用不能使用的明器，是让人民知道死者是没有知觉的；殷人用可以使用的祭器，是让人民知道死者是有知觉的；周人兼用明器和祭器，表示对这一点还疑惑不定。"曾子说："大概不是这样的吧！大概不是这样的吧！明器是孝子为先人的鬼魂特设的器具，而祭器则是人们使用的器具。古代的人怎么会忍心认定去世了的亲人毫无知觉呢？"

公叔朱有个同母异父的兄弟死了，他向子游请教应该服什么丧服，子游说："大概服大功服吧？"狄仪也有个同母异父的兄弟死了，他去向子夏请教应该服什么丧服，子夏说："我从来没听说过有什么规定，不过鲁国人的习惯是服齐缞服。"于是狄仪就服了齐缞服。现在为同母异父兄弟服齐缞服，就是从狄仪这一问才确定下来的。

子思的母亲死在卫国。柳若对子思说："您是圣人的后代，四方的人都要看您怎样办丧事，您要慎重些啊！"子思说："我有什么可慎重的？我听说过：'懂得礼仪而缺少钱财，君子是无法办丧事的；懂得礼仪，也有钱财，但没有行礼的可能，君子也无法办丧事。'我有什么可慎重的！"

县子琐说："我听说过：'古代并不因为自己的地位尊贵，就将丧期一年以下的丧服降等，而是不管长辈或晚辈都根据原来的亲属关系服丧服。'例如殷代滕伯文为孟虎服齐缞，因为孟虎是他的叔父；又为孟皮服齐缞，因为他是孟皮的叔父。"

后木说："办丧事的事，我听县子说过：'办理丧事，不可不深思远虑，买棺材，一定要内外都平滑精致。'我死了以后也希望能这样。"

曾子说："尸体还没穿敛服，所以在灵堂上设置帷，小敛之后就撤去帷。"仲梁子说："死者刚去世时，夫妇正忙乱着还没就位，所以要在灵堂上设置帷，小敛之后，主人夫妇已经就位了，于是就撤去帷。"

关于小敛的丧祭，子游说："在东方设奠。"曾子说："在西方，而且小敛后的奠就应设席。"小敛的丧祭在西方举行，是沿用鲁国后期错误的礼节。

县子说："丧服用粗葛作衣，用细而疏的布作下裳，这不是古代的习俗。"

子蒲去世了，有个哭丧的人哭着喊他的名字"灭"。子皋说："这太不明礼了。"于是那个人就改正过来了。

杜桥母亲的丧事，殡仪中没有赞礼的人，懂礼的人都认为太简略了。

孔子说："亲戚刚去世，穿羔裘戴玄冠去吊丧，应赶快改为素冠深衣。"孔子从不穿戴羔裘玄冠去吊丧。

子游向孔子请教为死者送终的礼仪及衣棺器具的标准。孔子说:"与家里财力的厚薄相当就行了。"子游说:"各依家里财力的厚薄,怎么能合乎统一的标准呢?"孔子说:"如果家计殷实,也不要超过标准而厚葬;如果家境贫寒,就只要衣衾足以掩藏形体,而且敛毕立即下葬,用手拉着绳子下棺就行了。像这样尽力去做,又怎么会有人责备他失礼呢?"

司士贲告诉子游说:"我想在床上给死者穿衣。"子游说:"可以。"县子听了这话就说:"叔氏太骄矜自大了,听他的口气,好像礼仪都是由他制定的。"

宋襄公给他的夫人送葬时,陪葬了一百瓮醋、酱。曾子说:"陪葬的器物既称作'明器',却又装上实物。"

孟献子去世的那次丧事,家臣司徒使下士把多余的助丧的钱财归还给四方。孔子说:"这件事办得对。"

在柩车将行时,向死者宣读助葬财物账册,曾子说:"这不是古来就有的习俗,这是第二次向死者报告了。"

成子高卧病不起,庆遗进去请示说:"您的病已经很危急了,如果再加重,那么该怎么办呢?"子高说:"我听说过:'活着的时候要多为别人做好事,死了以后也不害人。'我即使活着的时候没能为别人做过多少有益的事,难道我可以死了以后去做对别人有害的事吗?我死了以后,就找一块不能耕种的地,把我埋葬了吧!"

子夏听到孔子说:"在君母或君妻丧事时,日常生活、言谈和饮食,都像平时自在的样子就行了。"

有位远方来的客人没地方住宿。孔子说:"活着可以住在我家,就是死了也不妨殡在我家。"

国子高说:"葬,是藏的意思;藏的目的,是希望人们不能看见。因此,衣衾足以裹住身体,内棺足以包住衣衾,外棺足以包住内棺,墓圹足以包住外椁就行了,何必还要在墓地上堆土造坟和栽种树木呢?"

在为孔子办丧事时,有个人从燕国赶来观看葬礼,住在子夏家里。

子夏对他说："这是圣人在主持葬人吗？不是的，这是普通的人在葬圣人啊！你有什么好观看呢？以前听老师说过这样的话：'我见过把坟筑成像堂屋那样四方而高的样子，见过像堤防那样纵长而横狭的样子，见过像夏屋那样宽广而卑下的样子，见过像刀刃朝上的斧子那样长而高的样子。我赞成像刃朝上的斧子的那种样子，也就是俗间所说的马鬣封。'现在我们给他筑坟，一天之内就换了三次板，很快就将坟筑成了，这大概还算是遂了老师的心愿吧！"

妇女在居丧期间，一直不用葛带。

五谷时物新出时，有荐新的奠，这种奠的礼仪规格和朔奠一样。

下葬以后，各等亲属都除下原先的丧服，而改服较轻的服。

柩车上"池"的规格，就比照他生前宫室的重霤。

诸侯一即位，就要为他准备好内棺，每年都得漆一次，棺内还要经常放些东西。

复、楔齿、缀足、饭、设饰、帷堂，这些都是在死者断气之后，同时进行的。报丧的人，一般都是由叔伯或堂兄派遣的。

为国君招魂，应该在小寝、大寝、四亲庙、太祖庙、库门、四郊等地方举行。

丧事中的奠馈都不露着的吗？只是祭肉吧？

殡后十天，就得备办椁材与明器。

朝奠应在太阳刚出时进行，夕奠应在太阳落山前举行。

父母去世后，不时地哭泣。出使回来后，必须设祭告知父母。

小祥以后所穿的练服，是用涑布做中衣，并用黄色的料子做衬里，滚浅红色的边；用葛做腰带；穿麻鞋，但仍没有装饰鞋鼻；填是角质的；鹿裘的袖子加宽加长，而且还可以在袖口绲边。

家里有丧事，正停柩待葬，如果听到远房兄弟去世了，即使是最疏远的族兄弟，也要赶去吊丧；如果不是同族兄弟，即使是住在邻近，也不必去吊丧。相识的朋友，他遇上不同居的兄弟的丧事，凡相识者也应该去慰问他。

檀弓下

原　文

君之适长殇①，车三乘②。公之庶长殇③，车一乘。大夫之适长殇，车一乘。

公之丧④，诸达官之长杖⑤。

君于大夫将葬，吊于宫；及出，命引之⑥，三步则止⑦。如是者三，君退。朝亦如之⑧，哀次亦如之⑨。

五十无车者，不越疆而吊人。

季武子寝疾，蟜固不说齐缞而入见，曰："斯道也，将亡矣！士唯公门说齐缞。"武子曰："不亦善乎！君子表微。"及其丧也，曾点倚其门而歌。

大夫吊，当事而至，则辞焉。吊于人，是日不乐。妇人不越疆而吊人。行吊之日，不饮酒食肉焉。吊于葬者必执引；若从柩，及圹，皆执绋。丧，公吊之；必有拜者，虽朋友、州里舍人可也。吊曰："寡君承事。"主人曰："临。"君遇柩于路，必使人吊之。大夫之丧，庶子不受吊。

妻之昆弟为父后者死，哭之适室。子

为主，袒、免、哭、踊。夫入门右。使人立于门外，告来者。狎则入哭。父在，哭于妻之室。非为父后者，哭诸异室。

有殡，闻远兄弟之丧，哭于侧室；无侧室，哭于门内之右。同国则往哭之。

子张死，曾子有母之丧，齐缞而往哭之。或曰："齐缞不以吊。"曾子曰："我吊也与哉？"

有若之丧，悼公吊焉，子游摈由左。

齐（谷）〔告〕王姬之丧，鲁庄公为之大功。或曰：由鲁嫁，故为之服姊妹之服。或曰：外祖母也，故为之服。

晋献公之丧，秦穆公使人吊公子重耳，且曰："寡人闻之，亡国恒于斯，得国恒于斯。虽吾子俨然在忧服之中，丧亦不可久也，时亦不可失也，孺子其图之！"以告舅犯。舅犯曰："孺子其辞焉。丧人无宝，仁亲以为宝。父死之谓何！又因以为利，而天下其孰能说之？孺子其辞焉！"公子重耳对客曰："君惠吊亡臣重耳，身丧父死，不得与于哭泣之哀，以为君忧。父死之谓何！或敢有他志，以辱君义？"稽颡而不拜，哭而起，起而不私。子显以致命于穆公。穆公曰："仁夫公子重耳！夫稽颡而不拜，则未为后也，故不成拜。哭而起，则爱父也。起而不私，则远利也。"

帷殡非古也，自敬姜之哭穆伯始也。

丧礼，哀戚之至也。节哀，顺变也，君子念始之者也。

复，尽爱之道也；有祷祠之心焉，望反诸幽，求诸鬼神之道也。北面，求诸幽之义也。

拜稽颡，哀戚之至隐也。稽颡，隐之甚也。

饭用米贝，弗忍虚也。不以食道，用美焉尔。

铭，明旌也。以死者为不可别已，故以其旗识〔识〕之。爱之，斯录之矣；敬之，斯尽其道焉耳。

重，主道也。殷主缀重焉。周主重彻焉。

奠以素器，以生者有哀素之心也。唯祭祀之礼，主人自尽焉尔。

岂知神之所飨？亦以主人有齐敬之心也。

辟踊，哀之至也。有算，为之节文也。

袒括髪，变也。愠，哀之变也。去饰，去美也。袒括髪，去饰之甚也。有所袒，有所袭，哀之节也。

弁、绖葛而葬，与神交之道也。有敬心焉。

周人弁而葬，殷人冔而葬。

歠主人、主妇、室老，为其病也，君命食之也。

反哭升堂，反诸其所作也。主妇入于室，反诸其所养也。

反哭之吊也，哀之至也。反而亡焉，失之矣！于是为甚。殷既封而吊，周反哭而吊。孔忆曰："殷已悫，吾从周。"

葬于北方北首，三代之达礼也，之幽之故也。

既封，主人赠，而祝宿虞尸。

既反哭，主人与有司视虞牲。有司以几筵舍奠于墓左，反。日中而虞。

葬日虞，弗忍一日离也。是月也，以虞易奠。

卒哭曰"成事"。是日也，以吉祭易丧祭。明日，祔于祖父。其变而之吉祭也，比至于祔，必于是日也接，不忍一日末有所归也。

殷练而祔，周卒哭而祔，孔子善殷。

君临臣丧，以巫祝桃茢执戈，恶之也，所以异于生也。

丧有死之道焉，先王之所〔以〕难言也。

丧之朝也，顺死者之孝心也。其哀离其室也，故至于祖考之庙而后行。殷朝而殡于祖，周朝而遂葬。

孔子谓：为明器者，知丧道矣，备物而不可用也。哀哉！死者而用生者之器也，不殆于用殉乎哉？其曰明器，神明之也。涂车、刍灵，自古有之，明器之道也。孔子谓"为刍灵者善"；谓："为俑者不仁，〔不〕殆于用人乎哉？"

穆公问于子思曰："为旧君反服，古与？"子思曰："古之君子，进人以礼，退人以礼，故有旧君反服之礼也。今之君子，进人若将加诸膝，退人若将队诸渊。毋为戎首，不亦善乎？又何反服（之礼）之有！"

悼公之丧，季昭子问于孟敬子曰："为君何食？"敬子曰："食粥，天下之达礼也。吾三臣者之不能居公室也，四方莫不闻矣。勉而为瘠，则吾能，毋乃使人疑夫不以情居瘠者乎哉？我则食食。"

卫司徒敬子死。子夏吊焉，主人未小敛，绖而往。子游吊焉，主人既小敛，子游出，绖反哭。子夏曰："闻之也与？"曰："闻诸夫子：主人未改服，则不绖。"

曾子曰："晏子可谓知礼也已，恭敬之有焉。"有若曰："晏子一狐裘三十年，遣车一乘，及墓而反。国君七个，遣车七乘；大夫五个，遣车五乘。晏子焉知礼？"曾子曰："国无道，君子耻盈，礼焉。国奢，则示之以俭；国俭，则示之以礼。"

国昭子之母死。问于子张曰："葬及墓，男子妇人安位？"子张曰："司徒敬子之丧，夫子相：男子西乡，妇人东乡。"曰："噫！毋！"曰："我丧也，斯沾。尔专之。宾为宾焉，主为主焉，妇人从男子皆西乡。"

穆伯之丧，敬姜昼哭。文伯之丧，昼夜哭。孔子曰："知礼矣。"

文伯之丧，敬姜据其床而不哭，曰："昔者吾有斯子也，吾以将为贤人也。吾未尝以就公室。今及其死也，朋友诸臣未有出涕者，而内人皆行哭失声。斯子也，必多旷于礼矣夫！"

季康子之母死，陈亵衣。敬姜曰："妇人不饰，不敢见舅姑。将有四方之宾来，亵衣何为陈于斯？"命彻之。

有子与子游立，见孺子慕者。有子谓子游曰："予壹不知夫丧之踊也，予欲去之久矣。情在于斯，其是也夫！"子游曰："礼有微情者，有以故兴物者。有直情而径行者，戎狄之道也。礼道则不然。人喜则斯陶，陶斯咏，咏斯犹，犹斯舞；（舞斯愠，）愠斯戚，戚斯叹，叹斯辟，辟斯踊矣！品节斯，斯之谓礼。人死，斯恶之矣；无能也，斯倍之矣。是故制绞衾，设蒌翣，为使人勿恶也。始死，脯醢之奠。将行，遣而行之，既葬而食之，未有见其飨之者也。自上世以来，未之有舍也，为使人勿倍也。故子之所刺于礼者，亦非礼之訾也。"

吴侵陈，斩祀杀厉。师还出竟，陈大宰嚭使于师。夫差谓行人仪曰："是夫也多言，盍尝问焉？师必有名，人之称斯师也者，则谓之何？"大宰嚭曰："古之侵伐者，不斩祀，不杀厉，不获二毛。今斯师也，杀厉与？其不谓之杀厉之师与？"曰："反尔地，归尔子，则谓之何？"曰："君王讨敝邑之罪，又矜而赦之，师与有无名乎？"

颜丁善居丧：始死，皇皇焉，如有求而弗得；及殡，望望焉，如有从而弗及；既葬，慨焉如不及其反而息。

子张问曰："《书》云：'高宗三年不言，言乃欢。'有诸？"仲尼曰："胡为其不然也！古者天子崩，王世子听于冢宰三年。"

知悼子卒，未葬。平公饮酒，师旷、李调侍，鼓钟。杜蒉自外来，闻钟声，曰："安在？"曰："在寝。"杜蒉入寝，历阶而升，酌，曰："旷饮斯！"又酌，曰："调饮斯！"又酌，堂上北面坐饮之，降，趋而出。平公呼而进之，曰："蒉！曩者尔心或开予，是以不与尔言。尔饮旷何也？"曰："子卯不乐。知悼子在堂，斯其为子卯也大矣！旷也大师也，不以诏，是以饮之也。""尔饮调何也？"曰："调也，君之亵臣也。为一饮一食，忘君之疾，是以饮之也。""尔饮何也？"曰："蒉也宰夫也，非刀匕是共，又敢与知防，是以饮之也。"平公曰："寡人亦有过焉。酌而饮寡人！"杜蒉洗而扬觯。公谓侍者曰："如我死，则必无废斯爵也！"至于今，既毕献，斯扬觯，谓之"杜举"。

公叔文子卒，其子戍请谥于君，曰："日月有时，将葬矣，请所以易其名者。"君曰："昔者卫国凶饥，夫子为粥与国之饿者，是不亦惠乎？昔者卫国有难，夫子以其死卫寡人，不亦贞乎？夫子听卫国之政，修其班制，以与四邻交，卫国之社稷不辱，不亦文乎？故谓夫子'贞惠文子'。"

石骀仲卒，无适子，有庶子六人。卜所以为后者，曰："沐浴佩玉则兆。"五人者皆沐浴佩玉。石祁子曰："孰有执亲之丧而沐浴佩玉者乎？"不沐浴佩玉。石祁子兆，卫人以龟为有知也。

陈子车死于卫。其妻与其家大夫谋以殉葬，定而后陈子亢至，以告，曰："夫子疾，莫养于下，请以殉葬。"子亢曰："以殉葬，非礼也。虽然，则彼疾当养者，孰若妻与宰？得已，则吾欲已；不得已，则吾欲以二子者之为之也。"于是弗果用。

子路曰："伤哉贫也！生无以为养，死无以为礼也。"孔子曰："啜菽饮水，尽其欢，斯之谓孝。敛（手）〔首〕足形，还葬而无椁，称其财，斯之谓礼。"

卫献公出奔，反于卫，及郊，将班邑于从者而后入。柳庄曰："如皆守社稷，则孰执羁靮而从？如皆从，则孰守社稷？君反其国而有私也，毋乃不可乎！"弗果班。

卫有大史曰柳庄，寝疾。公曰："若疾革，虽当祭必告。"公再拜稽首，请于尸曰："有臣柳庄也者，非寡人之臣，社稷之臣也。闻之死，请往。"不释服而往，遂以襚之，与之邑裘氏与县潘氏，书而纳诸棺曰："世（世）万子孙无变也！"

陈乾昔寝疾，属其兄弟，而命其子尊己曰："如我死，则必大为我棺，使吾二婢子夹我。"陈乾昔死，其子曰："以殉葬，非礼也，况又同棺乎？"弗果杀。

仲遂卒于垂，壬午犹绎，万入去籥。仲尼曰："非礼也，卿卒不绎。"

季康子之母死，公输若方小。敛，般请以机封。将从之。公肩假曰："不可！夫鲁有初：公室视丰碑，三家视桓楹。般！尔以人之母尝巧，则岂不得以？其（母）〔毋〕以尝巧者乎？则病者乎？噫！"弗果从。

战于郎。公叔禺人遇负杖入保者息，曰："使之虽病也，任之虽重也，君子不能为谋也，士弗能死也，不可。我则既言矣！"与其邻（重）（童）汪踦往，皆死焉。鲁人欲勿殇（重）〔童〕汪踦，问于仲尼，仲尼曰："能执干戈以卫社稷，虽欲勿殇也，不亦可乎！"

子路去鲁，谓颜渊曰："何以赠我？"曰："吾闻之也：去国，则哭于墓而后行；反其国不哭，展墓而入。"谓子路曰："何以处我？"子路曰："吾闻之也：过墓则式，过祀则下。"

工尹商阳与陈弃疾追吴师，及之。陈弃疾谓工尹商阳曰："王事也。子手弓而可。"手弓。"子射诸!"射之，毙一人，韔弓。又及，谓之；又毙二人。每毙一人，掩其目。止其御曰："朝不坐，燕不与。杀三人，亦足以反命矣!"孔子曰："杀人之中，又有礼焉。"

诸侯伐秦，曹（桓）〔宣〕公卒于会。诸侯请含。使之袭。

襄公朝于荆，康王卒。荆人曰："必请袭!"鲁人曰："非礼也!"荆人强之。巫先拂柩，荆人悔之。

滕成公之丧，使子叔敬叔吊、进书，子服惠伯为介。及郊，为懿伯之忌不入。惠伯曰："政也。不可以叔父之私，不将公事。"遂入。

哀公使人吊蒉尚，遇诸道，辟于路，画宫而受吊焉。曾子曰："蒉尚不如杞梁之妻之知礼也!齐庄公袭莒于夺，杞梁死焉。其妻迎其柩于路而哭之哀，庄公使人吊之。对曰：'君之臣不免于罪，则将肆诸市朝，而妻妾执。君之臣免于罪，则有先人之敝庐在。君无所辱命。'"

孺子𪏆之丧，哀公欲设拨，问于有若。有若曰："其可也。君之三臣犹设之。"颜柳曰："天子龙輴而椁帱，诸侯輴而设帱，为榆沉，故设拨。三臣者废輴而设拨，窃礼之不中者也。而君何学焉?"

悼公之母死，哀公为之齐缞。有若曰："为妾齐缞，礼与?"公曰："吾得已乎哉!鲁人以妻我。"

季子皋葬其妻，犯人之禾。申祥以告，曰："请庚之。"子皋曰："孟氏不以是罪予，朋友不以是弃予，以吾为邑长于斯也。买道而葬，后难继也。"

仕而未有禄者，君有馈焉，曰献。使焉，曰"寡君"。违而君薨，弗为服也。

虞而立尸，有几筵。卒哭而讳，生事毕而鬼事始已。

既卒哭，宰夫执木铎以命于宫曰："舍故而讳新。"自寝门至于库门。

二名不（偏）〔遍〕讳。夫子之母名"征在"，言"在"不称"征"，言"征"不称"在"。

军有忧，则素服哭于库门之外。赴车不载橐韔。

有焚其先人之室，则三日哭。故曰：新宫火，亦三日哭。

孔子过泰山侧。有妇人哭于墓者而哀，夫子式而听之。使子（路）〔贡〕问之，曰："子之哭也，壹似重有忧者。"而曰："然。昔者吾舅死于虎，吾夫又死焉，今吾子又死焉。"夫子曰："何为不去也？"曰："无苛政。"

夫子曰："小子识之：苛政猛于虎也！"

鲁人有周丰也者，哀公执挚请见之。而曰："不可。"公曰："我其已夫！"使人问焉，曰："有虞氏未施信于民而民信之，夏后氏未施敬于民而民敬之，何施而得斯于民也？"对曰："墟墓之间，未施哀于民而民哀。社稷宗庙之中，未施敬于民而民敬。殷人作誓而民始畔，周人作会而民始疑。苟无礼义、忠信、诚悫之心以莅之，虽固结之，民其不解乎？"

丧不虑居，毁不危身。

丧不虑居，为无庙也。毁不危身，为无后也。

延陵季子适齐，于其反也，其长子死，葬于嬴博之间。

孔子曰："延陵季子，吴之习于礼者也。"往而观其葬焉。

其坎深不至于泉。其敛以时服。既葬而封，广轮掩坎，其高可隐也。既封，左袒，右还其封且号者三，曰："骨肉归复于土，命也。若魂气则无不之也，无不之也！"而遂行。

孔子曰："延陵季子之于礼也，其合矣乎！"

邾娄考公之丧，徐君使容居来吊含，曰："寡君使容居坐含，进侯玉。其使容居以含。"有司曰："诸侯之来辱敝邑者，易则易，于则于。易于杂者，未之有也。"

容居对曰:"容居闻之:事君不敢忘其君,亦不敢遗其祖。昔我先君驹王西讨,济于河,无所不用斯言也。容居鲁人也,不敢忘其祖。"

子思之母死于卫。赴于子思。子思哭于庙。门人至,曰:"庶氏之母死,何为哭于孔氏之庙乎?"子思曰:"吾过矣!吾过矣!"遂哭于他室。

天子崩,三日,祝先服;五日,官长服;七日,国中男女服;三月,天下服。

虞人致百祀之木、可以为棺椁者,斩之。不至者,废其祀,刎其人。

齐大饥,黔敖为食于路,以待饿者而食之。

有饿者蒙袂辑屦,贸贸然来。黔敖左奉食,右执饮,曰:"嗟来!食!"扬其目而视之,曰:"予唯不食嗟来之食以至于斯也了!"从而谢焉,终不食而死。

曾子闻之,曰:"微与!其嗟也可去,其谢也可食。"

注释

①长殇:见《檀弓上》"有虞氏瓦棺"节注

②车三乘:车,指遣车。柩车朝过祖庙后要设遣奠。遣者,送也。性质近乎送别之祭奠。

③公:与上句之"君"同义,皆指诸侯。

④公:五等诸侯。

⑤达官之长:由国君直接任命的卿、大夫、士。杖:指斩衰与丧杖。

⑥命引之:命人执绋拉柩车。

⑦三步则止:拉车的人看到孝子悲坳欲绝的样子,有所不忍,所以走了三步便停了下来。

⑧朝:朝庙。孝子奉柩朝拜祖庙,像生前远出必辞别尊长之意。葬前一日朝庙。

⑨衰次:孝子居丧之处,即倚庐、堊室之类。

译 文

国君的嫡子在十六至十九岁时夭折，在葬礼中就用三辆遣车，而国君的庶子只用一辆，大夫的嫡子也用一辆。

公的丧事，凡是被直接任命的卿大夫，都要服斩衰持丧杖。

国君对于大夫的丧事，在将要下葬的时候，先至殡宫吊丧，等到柩车拉出殡宫门的时候，就命人执绋拉柩车，拉了三步就停一下，这样连续三次，国君才离开。在朝庙时也是如此，经过孝子居丧的庐舍的地方也要这样。

五十岁以上而没有车的人，可以不必越境去吊丧。

季武子卧病在床，蟜固不脱掉齐缞就进去看他，并向他说明："这种礼仪，现在快要没有人去实践了：士只有在进入公门才脱掉齐缞。"季武子说："你这样做不是很好吗？君子就是要发扬光大那些衰微了的好事。"等到季武子去世了，曾点就倚在他门上唱歌。

大夫来吊丧，当主人正忙于大小殓殡等事时，就派人出来向他说明，请他稍待一会。在去向人吊丧时，这一天都不奏乐。妇人不必越境去吊丧。吊丧的那天，整天都不能饮酒吃肉。在出丧时去吊丧，就一定要抓着绳子帮忙拉柩车，如果跟着柩车到墓圹，都要拉着绳子帮忙下葬。诸侯的臣子死在异国，在办丧事时，如果主国的国君去吊丧，虽然没有亲人为丧主，但也一定要有代替的人出来拜谢。虽然只是死者的朋友、同乡、管家等也可以。国君的介就说："敝国国君来帮助办理丧事。"那个代替主人的人就说："辱蒙大驾光临。"如果国君在路上碰到柩车，就必须派人过去慰问。大夫的丧事，庶子不能做丧主而接受慰问。

妻子的兄弟，而且又是岳父的继承人死了，就在自己的正寝哭他，并让自己的儿子做这里的丧主。他袒露左臂，戴上"挽"这种丧饰，嚎哭跳脚，而自己则进去站在门的右边，还派人站在门外，向来吊丧的人说明死者的身份。只有特别亲近的人，才须进去慰问。如果父亲还健在，就只能在妻子的寝室哭；如果死者不是岳父的继承人，就只能在别的房间哭他。家里有丧事，正停柩待葬，如果这时听到远房兄弟去世了，就要在偏房哭他；如果没有偏房，就要在门内的右侧哭他；如果他死在国内，就应该赶去哭他。

子张去世的时候，曾子正好在为母亲服丧，于是就穿戴齐缞前去哭子张。有人说："自己有齐缞服在身。就不必去吊丧。"曾子说："难道我是去吊丧吗？"

为有若办丧事时，悼公亲自去吊丧，子游作为赞助丧礼的相，由左边上下。

王姬死了，齐国向鲁国报丧，鲁庄公为她服大功。有人说："王姬是经由鲁国出嫁的，所以为她服姊妹的丧服。"也有人认为"王姬是庄公的外祖母，所以为她服大功。"

晋献公去世后，秦穆公派使者去慰问出亡在外的公子重耳，并且对他说："我听说过：失去君位常常在这个时候，得到君位也常常在这个时候。虽然你现在正专心处于居忧服丧期间，但居丧也不宜太久。机不可失，请你考虑一下这件事。"重耳把这些告诉给了舅舅子犯。舅舅子犯说："你还是辞谢他的一番好意，不要接受他的建议吧。出亡在外的人是没有什么可宝贵的东西了，只有敬爱自己的亲长是最可宝贵的了。父亲去世，这是何等重大的变故，反而趁这个机会谋取私利，这样做怎么能向天下人解说清楚呢？你还是辞谢了他的一番盛意吧。"

于是公子重耳就答复来使说："贵国国君这样仁慈惠爱，还派人来慰问我这个出亡在外的臣子。我出亡在外，而现在父亲去世了，只恨不能到他的灵位前去哭泣，以表达心里的哀痛，并使贵国国君有所忧虑。可是，父亲死了，这是何等重大的变故，怎么敢有一丝一毫私念，去玷辱贵国国君所给与我的厚义呢？"说完以后，就只叩头稽颡，而不敢像主人一样地拜谢。然后哭着站起来，站起来以后也不再和使者私下里商量事情。使者子显向穆公复命。穆公说："公子重耳真是仁厚！他只叩头至地而不拜谢，可见不敢以继承人自居，所以不成拜；哭着站起来，可见他是很爱自己的父亲的；站起来以后也不再和使者私下里说话，可见他一点也没有趁父亲去世而谋取私利的念头。"

殡时不掀起帷幕而哭，并不是古来就有的习俗，而是从敬姜哭穆伯时开始的。

守父母之丧期间，孝子的心情是极其悲哀的；用种种礼节来节制他的悲哀，就是顺着他悲哀的感情，使他逐渐适应这种剧变。这样做是由于君子考虑到生养他的父母的缘故。

招魂，是表示至爱的方式，怀有求神的诚心；盼望先人从幽暗的地方回来，这是祈求鬼神的方法。所以招魂时向着北方，就是向幽暗中祈求的意思。

拜与叩头至地，都是悲哀中极痛苦的表现；而叩头至地，则是二者中最痛苦的表现了。

饭含，用生米和贝壳，这是不忍心让先人空着口；不用活着的人吃的熟食，是因为天然生成的米、贝更美好。

铭，是神明的旌旗，因死者的形貌已不可见到，所以用旗帜来做标志。因为爱他，所以记他的姓名，使魂灵有所依凭；因为敬他，所以用奠这种方式，像事奉生者那样事奉他。重，和后来的神主牌的意义是一样的。不过殷人作了神主，仍然将"重"与它连接在一起，而周人作了神主，就将"重"埋掉了。

用朴素的器皿盛奠馈，是因为活着的人怀有真诚的哀痛感情的缘故。只有在祭祀的吉礼中，主人才加以文饰，备办周全。哪里知道神灵之所享必须有文饰之器呢？这也是因为主人怀有严肃恭敬的诚心，才这样做的。

捶胸顿足，是悲哀到极点的表现，但却有一定的次数，这样做是为了有所节制，使其适度。

解开上衣露出左臂、去笄纚而改用麻束发，这都是孝子在形貌服饰上的变化；忧郁愠惠，这是孝子悲哀感情的变化。除去修饰，就是摒弃华美。袒露左臂、改用麻束发，都是摒弃修饰的极端方式。但有时要袒，也有时要袭，这是为了对悲哀的感情有所节制。

戴着缠着葛绖的弁行葬礼，这是和神明交往的礼节，是尊敬神明的意思。所以周人戴着弁行葬礼，殷人戴着爵行葬礼。

亲人去世三天以后，就应该使主人、主妇及老家臣喝些稀粥，因为他们都又饥又累，疲惫不堪，所以国君命令他们必须吃点东西。

送葬以后回到祖庙嚎哭，主人是到堂上哭，也就是回到亲长生前行礼的地方哭；主妇则是进入室内哭，也就是回到她奉养亲长的地方哭。送葬后回到祖庙里嚎哭的时候，亲友都要前来慰问，因为这是最悲哀的时候。回来以后，看到亲长不在了，这才真正感到他是永远地离去了，这时哀痛的感情是最强烈的了。殷人是在下窆以后就慰问孝子，而周人是在葬后回到祖庙里嚎哭时才前去慰问孝子的。孔子说："殷人的做法太质朴了，我赞成周人的做法。"

葬在北郊，头朝北方，这是三代以来通行的做法，这是因为鬼神是要到幽暗的地方去的缘故。下窆后，主人赠死者束帛，并放入圹中，而祝则先回去预先安排充任虞祭的尸。回到家里嚎哭过以后，主人和执事就去查看虞祭的牺牲。执事还要在墓的左边放置几席，进行莫祭。回来后，在正午举行安神的虞祭。下葬的那天就举行虞祭，是因为孝子不忍心和亲长有一天的分离。就在这个月，将莫祭改为用尸的祭。到了卒哭的时候，祝就会致辞说，现在已是吉祭了。在这一天，就用吉祭代替丧祭。第二天就于祖庙进行祔祭，希望他的魂灵能与祖父在一起。在将丧祭变成吉祭，一直到举行祔祭的过程中，一定要一天接着一天地进行，这是因为孝子不忍心亲长的魂灵有一天无所归依的缘故。殷人在周年练祭以后才举行祔祭，周人则在卒哭以后就举行祔祭，孔子赞成殷人的做法。

国君去臣子家吊丧的时候，要让巫祝拿着桃枝、扫帚和戈来护卫着，因为厌恶死人的凶邪之气，这就是礼仪与对待生人不同的原因。办丧事，另有对待死人的礼节，这却是先王所不便于说明的了。

在丧礼中，出葬前要先朝祖庙，这是顺从死者"出必告"的孝心，因为对即将离开故居感到很悲哀，所以先到祖父、父亲的庙里告辞，然后才启程。殷人是在朝庙以后就殡于祖庙。而周人却在朝庙以后就出葬。

孔子认为用明器殉葬的人，是懂得办丧事的道理的，既置备了各种器物，却又不能实用。如果用活着的人使用的器物，这不是已接近于用活人殉葬了吗？把殉葬的器物叫做"明器"，就是奉死者为神明的意思。像泥做的车子，草扎的人形，自古就有了，这就是"明器"的道理了。孔子认为用草扎的刍灵，心地仁慈，而认为用木雕刻的俑，太不仁慈了，不是更接近于用活人殉葬吗？

穆公问子思说："已经离职的臣子回来为旧君服齐缞三个月，这是古来就有的礼节吗？"子思回答说："古代的国君，在任用臣子的时候是依礼行事的，在免去臣子官职的时候也是依礼行事的，所以才有为旧君服丧的礼节。而现在的国君，在招致人才的时候，像要把他抱到膝上似的宠爱，而罢免臣下官职的时候，又好像要把他推下深渊似的。像这样做，离职的臣子不带领别国的军队来攻打故国，也就不错了，又哪里还有为旧君服丧的呢？"

鲁悼公去世时办丧事，季昭子问孟敬子说："为国君的丧事，应该吃什么？"敬子回答说："应该喝稀粥，这是天下通行的做法。但是我们仲孙、叔孙、季孙三家向来不能用事君的礼节来事奉国君，四方的人没有不知道的，要我勉强节食，变成消瘦的样子，我也能做到，但那样做不是更让人怀疑我不是内心真正感到悲哀，而是故意使自己外表消瘦了吗？我还是照常吃饭。"

卫国的司徒敬子死了，子夏前去吊丧，在主人还没有举行小敛之前，他就戴着绖进去了。而子游却穿着常服去吊丧，在主人行过小敛之后，子游才出去，戴上绖再回到屋里嚎哭。子夏问他说："你听前人说过这样的做法吗？"子游回答说："我听老师说过，在主人还没有改服之前，宾客不应该戴绖。"

曾子说："晏子可以说是很懂得礼的人了，他处理事情恭敬严谨。"有若说："晏子一件狐皮袍子穿了三十年，办理丧事时，只用一辆遣车，一下子就下葬完毕回家了。依礼，为国君祖奠的牲体有七个，遣车也用七辆；大夫是五个，遣车五辆，晏子怎么能算得上是懂得礼呢？"曾子说："如果国君骄侈淫逸，那么君子就不愿把礼文实行得那样详尽充分了；在国人竞相奢侈的时候，就应表现出节俭的作风；在国人崇尚节俭的时候，就要表现出切实按照礼的规定去做的态度。"

国昭子的母亲去世了，他向子张请教说："出葬到墓地后，男子和妇人应该就什么位置？"子张说："司徒敬子的丧事，是由我的老师相礼的，那是男子面向西，妇人面向东。"国昭子说："啊！不能这样做。"又说："我办丧事，会有许多宾客来观礼的。丧事由你来主持，但是宾客要就宾位，主人要就主位，主人这边的妇人就跟在男子后面一律面向西。"

穆伯死了，在办丧事时，敬姜只在白天哭；文伯死了，在办丧事时，她白天夜里都哭。孔子说："她懂得礼了。"文伯死了，敬姜靠着他的床而不哭，她说："以前我有了这个孩子，我以为他会成为有才德的人，所以我从未到他的公室去；现在他死了，朋友众臣中没有为他落泪的，而他的妻妾女御们都为他失声痛哭。这孩子必定早就把礼抛弃了。"

季康子的母亲去世了，在小敛之前，连内衣都陈列出来了。敬姜就说："妇人没有打扮一下，还不敢见公婆，何况现在就要有各处的宾客来吊丧，内衣怎么能陈列在这里呢？"于是就下令撤去它。

有子和子游站在那儿，看见一个孩子啼哭着找自己的父母。于是，有子就对子游说："我一直不明白丧礼中为什么要有踊的规定，我老早就想应该废除这种规定。孝子悲哀思慕的感情就和这孩子一样，就像这孩子那样尽情地嚎哭就行了。"子游说："礼的各种规定，有的是用来节制人们的感情，有的是借外在的事物来引发内在的情感。感情不加

节制，衣服没有规定，这是野蛮人的做法。如果依礼而行，就和这不同。人们遇到可喜的事，就感到高兴，高兴得很，就唱歌，歌唱还不能尽兴，就摇动身躯，摇动身躯还觉得不够时，就跳舞；人们愤怒过后，就感到愤懑，心中愤懑，就会叹息，叹息还不能得到充分地抒泄，就捶胸，捶胸还不够，就要顿足了。将这些情绪和行动加以区别、节制，这就叫做'礼'。人死了，别人就会厌恶他。而且死人无能为力了，人们就要背弃他了。所以，制作束衣的布带和覆尸的盖被来敛尸，又在枢车上设置了盖子和遮掩四周的扇形屏障。就是为了使人们不要见了死者而生厌。人刚死的时候，用肉脯肉酱来祭奠他，出葬前又有送行的遣奠，下葬后还有虞祭等各种祭祀，虽然从来没有看见鬼神来享用，但是自古以来却也没有人废止这种做法。这样做为的是使人们不背弃他。所以你所批评的这些礼仪，实在并不是礼仪的缺点了。"

吴国入侵陈国，砍伐方社的树木，杀害患病的百姓。在吴军退出陈国国境的时候，陈国派行人仪出使到吴军。夫差对大宰嚭说："这个使者很会说话，我们何不考问他一下，凡是军队必须有个好名声，问他，别人对我们的军队将怎样评论？"行人仪回答说："古代的军队在讨伐敌国时，不砍敌国的社树，不杀害患病的百姓，不俘虏鬓发斑白的老人。而现在贵国的军队，不是在杀害患病的百姓吗？那不就成了杀害病人的军队了吗？"又问："那么现在把攻占的土地还给你们，把俘获的子民还给你们，你又怎样评论我们的军队呢？"回答说："贵国君王因为敝国有罪，而兴师讨伐，现在又同情并赦免我们，像这样的军队，还怕有不好的名声吗？"

颜丁在居丧期间的态度十分合情合理：在亲人刚去世的时候，他惶惶不安，好像热切希望亲人康复，然而希望又终于破灭的样子；到了行殡礼的时候，他茫然若失，好像要追随亲人而去，但已不可能的样子；在送葬以后，他神情惆怅，好像担心亲人的魂灵来不及跟他一起回家的样子，因而边走边停地等待着。

子张请教说："《书》上记载说：'殷高宗居丧期间，三年不和臣子说话，等到他除服开口，大家都十分欢喜。'真有这样的事吗？"孔子说："为什么不能这样呢？古代天子去世，王太子听命冢宰三年，当然可以不与臣子说话。"

知悼子去世了，还没下葬，晋平公就喝起酒来了，而且还有师旷、李调作陪，敲钟奏乐。杜蒉从外面进来，听到钟声，就问侍卫说："国君在哪儿？"回答说："在正寝。"杜蒉进入正寝，登阶而上，倒了一杯酒，说："旷，喝了这杯酒。"又倒了一杯酒，说："调，把这杯酒喝了。"接着又倒了一杯酒，在堂上向北面坐着自己喝了。然后走下台阶，快步出了正寝。

平公喊住他，命他进来，说："蒉，刚才我以为你或许存心想要启发我，所以没跟你讲话。你为什么要师旷喝酒呢？"回答说："甲子、乙卯是君王的忌日，尚不敢奏乐。现在知悼子还停柩在堂上，这比逢上甲子、乙卯的日子更要重大得多了。师旷是掌乐的太师，而不把这个道理报告给您知道，所以我罚他喝杯酒。""那你为什么又要李调喝酒呢？"回答说："李调是您亲近的臣子，可是为了有吃喝，就不管您的过失，所以我也要罚他喝一杯酒。""那么你自己为什么也要喝一杯酒呢？"回答说："蒉只是个宰夫，不去摆弄宰刀等，却胆敢越职谏诤，所以自己也该罚一杯酒。"平公说："我也有过失，倒杯酒来，也应该罚我一杯酒。"杜蒉洗净酒杯，倒了一杯酒，然后举起酒杯。平公对侍者说："即使我死了以后，也不要废弃这只酒杯。"就是这个缘故，直到现在，凡是献完酒，像这样举起酒杯，就叫做"杜举"。

公叔文子去世后，他的儿子戍向国君请求赐予谥号，说："葬的月日已经定了，很快就要出葬，请赐给他一个谥号。"灵公说："以前卫国发生饥荒，先生施粥赒济百姓，这不是仁爱好施的表现吗？以前卫国发生叛乱，先生拼死保卫我，这不是很忠贞的表现吗？先生在主持卫国朝政的时候，总是依照礼制序列尊卑的次序，以此和邻国交往，使卫国的社稷没有受到玷辱，这不是博文知礼的表现吗？所以可以称呼先生'贞惠文子'。"

　　石骀仲去世了，没有適子，只有六个庶子，所以只好用龟卜决定继承人。卜人说："只有先洗个澡，然后佩戴上玉，龟甲上才会显示出吉兆。"于是其中的五个人赶忙洗好澡，佩戴上玉。而只有石祁子说："哪有居丧期间，而洗澡佩玉的呢？"他没有洗澡佩玉。可是，龟兆却显示出石祁子应该做继承人。因此，卫国人都认为龟兆很灵验。

　　陈子车客死在卫国。他的妻子与家宰商量着要用活人殉葬，已经决定了，后来陈子亢奔丧到卫国。他们就把用活人殉葬的决定告诉了他，说："夫子有病，没有人在地下伺候他，所以决定用活人殉葬。"子亢说："用活人殉葬，是违背礼的。虽然如此，可是他有病，那么在地下伺候他的，有谁能比他妻子和家宰更合适呢？如果能取消这个决定，那么我同意取消它；假如不能取消，那么我认为就用你们两个人殉葬吧！"这样一来，殉葬的事也就没有实行。

　　子路说："贫穷真让人伤心啊！父母活着时没法供养他们；他们去世了，又没有法子举办丧事。"孔子说："尽管是喝豆粥，饮清水，但是如果能使父母在精神上愉快满足，这就是'孝'了；他们去世后，只要有衣衾足以掩藏首足，敛毕即葬，虽然没有椁，但能根据自己的财力来办丧事，这就合乎'礼'了。"

　　卫献公被逐逃亡，后来终于返回卫国复位。到了城郊，他就要把一些封地赏赐给跟随他出亡的臣子，然后才进城。柳庄对他说："如果大家都留下来守护社稷，那么还会有谁为您执缰驾车跟随您出亡呢？然而如果大家都跟着您逃亡，那又有谁来守护社稷呢？您一回国就有了私心，这样做恐怕不合适吧？"于是没有进行颁赏。

　　卫国有个太史叫柳庄，患重病卧床不起。卫君说："如果病情危急，即使是在我主持祭礼时，也要立即向我讣告。"后来，柳庄在卫君主祭时去世了。卫君拜了两拜，叩头，然后向祭祀中的尸请求说："有个叫柳庄的臣子，他不只是我个人的臣子，也是国家的重臣，刚才得到他去世的消息，请特准我前去吊丧。"他来不及脱下祭服就连忙赶到柳庄家，于是脱下自己身上的祭服，作为送给死者的襚。并且将裘氏邑和潘氏县封给柳庄，还订了誓约放进棺里。誓约上说："世世代代子子孙孙万代相传，永不改变。"

陈乾昔病得起不了床，于是就嘱咐他的兄弟，并命令他的儿子尊己说："如果我死了，一定要给我做个大棺材，让我的两个妾躺在我的两边。"陈乾昔死了以后，他的儿子说："用活人殉葬，已经与礼相违背了，何况还要躺在一个棺材里呢？"结果没有将两个妾殉葬。

仲遂在垂这个地方去世了；壬午，讣闻已经到达，鲁宣公还在举行绎祭，万舞照常进行，只是将籥舞取消了。仲尼说："这样做是违背礼的，国中有卿去世了，就不应该再举行绎祭了。"

季康子的母亲去世了，当时匠师公输若尚年幼，主持葬事。公输般建议用自己新设计的机械来下棺。主人正要答应时，公肩假却说："不行！下棺的方式鲁国早就有先例，国君是比照四座大碑的方式，仲孙、叔孙、季孙三家是比照四根大柱子的方式。般！你用别人的母亲来试验你的技巧，这难道是不得已吗？难道你不借这次机会来试验你的技巧，你就觉得难受吗？唉！"结果主人就没有听从公输般的建议。

齐与鲁在郎邑作战，鲁国的公叔禺人见到一个扛着兵杖的士卒走进城堡去休息。于是感慨地说："虽然徭役已经使百姓很辛苦了，赋税也使百姓的负担很沉重了，可是那些卿大夫都不能谋划周全，担任公职的人又没有牺牲精神，这样下去是不行的！我是已经这样说了。"于是他就和邻居的少年汪锜一齐奔赴战场，结果两个人都战死了。鲁国人想不用孩子的丧礼来办汪锜的丧事，但是没有先例。于是向孔子请教。孔子说："他既然能够拿着武器保卫社稷，那么你们想不用孩子的丧礼给他办丧事，这不是很好吗？"

子路将要离开鲁国，他对颜渊说："你打算用什么话作为临别赠言呢？"颜渊说："我听说过：要离开国境，就应该先到祖先的墓前哭告一番，然后上路；回来时，不必在祖先的墓前哭告，只要在墓地周围省视一番就可以进城。"颜渊对子路说："那么你打算把什么话留给我作为安身的原则呢？"子路说："我也听说过：驾车经过别人家的墓地时，就应凭轼致敬；经过土神的社坛时，也应下车，表示敬意。"

工尹商阳和陈弃疾一起追赶吴国的军队，很快赶上了敌人。陈弃疾对工尹商阳说："这是君王交给的使命，你现在可以把弓拿在手里。"工尹商阳这才把弓拿在手里。"你可以放箭射他们了。"于是他向敌人射箭，射死一个敌人，就把弓箭放回弓袋。很快又赶上了敌人，陈弃疾又对他说了以上的话，他又射死了两个敌人。每射死一个人，他都把自己的眼睛遮起来，不忍心看。他让御者停车，说："我们只是朝见时没有座位，大宴时没有席位的人，现在已经杀了三个敌人了，也就足够交差的了。"孔子说："即使是在杀人这件事里面，也还是有礼节的。"

诸侯联合起来讨伐秦国，曹宣公死在军中。诸侯要求为宣公行"饭含"之礼，而曹人也就趁机让诸侯为死者穿衣。鲁襄公到楚国去拜会楚君，刚好碰上康王去世了。楚人说："请您务必为康王穿衣。"襄公的随员说："这样做是不符合礼的规定的。"然而楚人还是勉强襄公这样做。于是襄公就先让巫拂柩驱除不祥，然后才给尸穿衣。楚人对这件事很后悔。

在为滕成公办丧事时，鲁国派子叔敬叔去吊丧，并且送递鲁君赠物之书，子服惠伯做他的助手。等到了滕国近郊，遇懿伯的忌日，所以敬叔想缓一日进城。惠伯说："这是国君交给我们的使命，不能因为叔父私忌，就不办公事了。"于是就进城。

蒉尚办丧事，哀公派人去慰问蒉尚，却巧在路上相遇了。蒉尚让开道，就地画了殡宫的图，然后就位接受吊唁。曾子说："蒉尚还不如

杞梁的妻子懂礼呢！齐庄公派人从狭路袭击莒国，杞梁在这次战斗中牺牲了。他的妻子在路上迎接他的灵柩，哭得十分悲伤。齐庄公就派人去路上慰问她，她却回答说：'如果君的臣子杞梁有罪，就应该在市朝陈尸示众，并把他的妻子拘捕起来；如果他没有罪，那么我们还有先人留下的一所旧屋可供

行礼。现在却不敢劳您的大驾。'"

在为小儿子郭办丧事时，哀公想在殡车上加上拉棺的拨，就问有若这样做是否合适。有若回答说："这样做是可以的，你的三家大臣都已经这样做了。"颜柳说："天子用的是车辕上画龙的殡车，再加上幬和帷，诸侯的殡车，加上帷。因为他们的殡车是榆木做的，很沉重，所以要配上拨来拉车。三家大臣既不敢用这种殡车，却又配上拨，这是盗用天子、诸侯的礼而又没做对，您又何必学他们的做法呢？"

悼公的母亲去世了，哀公为她服齐缞。有若说："为妾服齐缞，这符合礼的规定吗？"哀公说："我有什么办法呢？鲁国人把她当做我的妻看待。"

季子皋安葬他妻子的时候，损坏了人家田里的禾苗。申祥把损坏的情形告诉他说："请您赔偿人家的损失。"子皋说："孟氏并没有因为这件事责怪我，朋友也没有因为这件事而疏远我，由于我是本邑的主管。就算我出了买路钱而葬，但是恐怕以后就难办了。"

刚来此国做官，但还没有定俸禄的人，如果国君送东西给他，就得像对宾客一样称作"献"，使者传达君命，也还得称国君为"寡君"；如果离开国境后，而国君去世了，那就不必为国君服丧。

在虞祭时，才开始有尸，设有几、席。卒哭以后才开始讳称死者的名，因为用活着的人的礼节对待他，到此已结束了，而开始用鬼神的礼节来待他了。在卒哭结束后，宰夫就摇着木铎在宫中宣布说："旧的忌讳已经取消了，新的忌讳开始了。"从路门一直喊到库门。

两个字的名，不必都避讳。如孔夫子的母亲名徵在，说"在"字，就讳"徵"字；说"徵"字，就讳"在"字。

军队打了败仗，国君就率领群臣戴着缟冠到库门外嚎哭，回来报告战败消息的车上的战士都不把铠甲、弓箭装进袋囊里。

宗庙被烧毁了，就要哭三天。所以《春秋》说："新建的宗庙失火，国君哭三天。"

孔子从泰山旁边经过，看见一个妇人在墓前哭得十分伤心。孔子停车，将手靠在轼上致意，并听她哭泣。然后让子路去向她说："听您的哭声，很像有许多痛苦的样子。"妇人回答说："是的。过去我公公是被老虎咬死的，我丈夫又被老虎咬死了，现在我的儿子仍然没能逃脱虎口。"孔子说："那你为什么不离开这里呢？"她回答说："因为这地方没有繁重的赋税和徭役。"于是孔子对弟子们说："你们要好好记着，繁重的赋税和徭役比老虎还凶恶啊！"

鲁国有个叫周丰的人，哀公拿着礼物要去拜访他，他却说不行。哀公说："那我就不去了吧。"于是就派了一个人去向他请教，说："有虞氏并没有教导人民诚信，而人民却信任他；夏后氏并没有教导人民诚敬，而人民却敬重他，他们究竟是推行的什么政教而得到人民的信任和敬重的呢？"周丰回答："在先民的遗迹前或祖先的墓地上，并没有人教导人民要悲哀，而他们却自然地流露出悲哀的感情；在神社或宗庙里，并没有人教导人民要肃敬，而他们却自然地表现出肃敬的神情。殷人兴起设誓，而人民才开始背弃盟约；周人热衷于会盟，而人民才开始互相不信任。如果没有用礼义忠信诚实的心去治理人民，即使用了种种方法去团结人民，难道人民就不会离散了吗？"

为了办丧事不能卖掉祖居，为丧事憔悴却不能损害健康。为了丧事不能卖掉祖居，否则先人的神灵就没有宗庙可以依托；为丧事憔悴不能损害健康，不然的话，先人就会失去继承人。

延陵季子到齐国聘问，在回国的路上，他的大儿子死了，就准备葬在嬴邑和博邑之间。孔子说："延陵季子是吴国最精通礼的人。"于是前去参观他办的葬礼。只见墓圹的深度还没掘到有泉水的地方；敛时用的也只是平时穿的衣服；下葬以后还要在墓上堆上土堆，土堆的长阔和圹的长阔刚好相当，高度也只是一般人可用手凭靠着那么高；堆好坟堆以后，他解开上衣，袒露左臂，然后向左转绕着坟堆走，并且还哭喊了三次，说："亲生骨肉又回到土里去了，这是命该如此，至于你的魂魄精神却是没有什么地方不可以去的，是无所不在的。"哭喊完以后就上路了。孔子说："延陵季子所行的礼应该说是很合理的吧！"

礼 器

礼器，是故大备①；大备，盛德也。

礼，释回②，增美质；措则正，施则行。其在人也，如竹箭之有筠也③，如松柏之有心也。二者居天下之大端矣，故贯四时而不改柯易叶④。故君子有礼，则外谐而内无怨。故物无不怀仁⑤，鬼神飨德。

先王之立礼也，有本有文。忠信，礼之本也；义理，礼之文也。无本不立，无文不行。礼也者，合于天时，设于地财，顺于鬼神，合于人心，理万物者也。是故天时有生也，地理有宜也，人官有能也，物曲有利也。故天不生，地不养，君子不以为礼，鬼神弗飨也。居山以鱼鳖为礼，居泽以鹿豕为礼，君子谓之不知礼。故必举其定国之数，以为礼之大经；礼之大伦，以地广狭；礼之薄厚，与年之上下。是故年虽大杀，众不匡惧，则上之制礼也节矣。

礼，时为大，顺次之，体次之，宜次之，称次之。尧授舜，舜授禹，汤放桀，武王伐纣，时也。《诗》云："匪革其犹，聿追来孝。"天地之祭，宗庙之事，父子之道，君臣之义，伦也。社稷山川之事，鬼神之祭，体也。丧祭之用，宾客之交，义也。羔豚而祭，百官皆足；大牢而祭，不必有馀：此之谓称也。

诸侯以龟为宝，以圭为瑞；家不宝龟、不藏圭、不台门，言有称也。

礼有以多为贵者：天子七庙，诸侯五，大夫三，士一。天子之豆二十有六，诸公十有六，诸侯十有二，上大夫八，下大夫六。诸侯七介七牢，大夫五介五牢。天子之席五重，诸侯之席三重，大夫再重。天子崩，七月而葬，五重八翣；诸侯五月而葬，三重六翣；大夫三月而葬，再重四翣。此以多为贵也。

有以少为贵者：天子无介，祭天特牲。天子适诸侯，诸侯膳以犊。诸侯相朝，灌用郁鬯，无笾豆之荐。大夫聘礼以脯醢。天子一食，诸侯再，大夫、士三，食力无数。大路繁缨一就，次路繁缨（七）〔五〕就。圭璋特，琥璜爵。鬼神之祭单席。诸侯视朝，大夫特，士旅之。此以少为贵也。

有以大为贵者：宫室之量，器皿之度，棺椁之厚，丘封之大，此以大为贵也。

有以小为贵者：宗庙之祭，贵者献以爵，贱者献以散；尊者举觯，卑者举角。五献之尊，门外缶，门内壶，君尊瓦甒。此以小为贵也。

有以高为贵者：天子之堂九尺，诸侯七尺，大夫五尺，士三尺。天子、诸侯台门。此以高为贵也。

有以下为贵者：至敬不坛，扫地而祭；天子、诸侯之尊废禁，大夫、士棜禁。此以下为贵也。

礼有以文为贵者：天子龙衮，诸侯黼，大夫黻，士玄衣纁裳。天子之冕朱绿藻，十有二旒，诸侯九，上大夫七，下大夫五，士三。此以文为贵也。

有以素为贵者：至敬无文，父党无容，大圭不琢。大羹不和，大路素而越席。牺尊疏布幂。樿杓。此以素为贵也。

孔子曰："礼不可不省也。"礼，不同、不丰、不杀，此之谓也。盖言称也。

礼之以多为贵者，以其外心者也。德发扬，诩万物，大理物博。如此则得不以多为贵乎？故君子乐其发也。礼之以少为贵者，以其内心者也。德产之致也精微，观天下之物无可以称其德者。如此则得不以少为贵乎？是故君子慎其独也。古之圣人，内之为尊，外之为乐，少之为贵，多之为美。是故先王之制礼也，不可多也，不可寡也，唯其称也。

是故君子大牢而祭，谓之礼；匹士大牢而祭，谓之攘。管仲镂簋、朱纮、山节、藻棁，君子以为滥矣。晏平仲祀其先人，豚肩不掩豆，浣衣濯冠以朝，君子以为隘矣。是故君子之行礼也，不可不慎也。众之纪也，纪散而众乱。孔子曰："'我战则克，祭则受福。'盖得其道矣。"

君子曰："祭祀不祈，不麾蚤，不乐葆大。不善嘉事。牲不及肥大。荐不美多品。"

孔子曰："臧文仲安知礼？夏父弗綦逆祀，而弗止也。燔柴于奥。夫奥者，老妇之祭也，盛于盆，尊于瓶。"

礼也者，犹体也。体不备，君子谓之不成人。设之不当，犹不备也。礼有大，有小，有显，有微。大者不可损，小者不可益，显者不可掩，微者不可大也。故经礼三百，曲礼三千，其致一也，未有入室而不由户者。

君子之于礼也，有所竭情尽慎，致其敬而诚若；有美而文而诚若。君子之于礼也，有直而行也，有曲而杀也，有经而等也，有顺而讨也，有撕而播也，有推而进也，有放而文也。有放而不致也，有顺而摭也。三代之礼，一也，民共由之。或素或青，夏造殷因。

（夏立尸而卒祭。殷坐尸；〕周坐尸，诏侑（武）〔无〕方，其礼亦然。其道一也。（夏立尸而卒祭，殷坐尸，）周旅酬六尸。曾子曰："周礼其犹醵与？"

君子曰：礼之近人情者，非其至者也。郊血，大飨腥，三献爓，一献孰。是故君子之于礼也，非作而致其情也，此有由始也。是故七介以相见也，不然则已悫；三辞三让而至，不然则已蹙。故鲁人将有事于上帝，必先有事于颊宫；晋人将有事于河，必先有事于恶池；齐人将有事于泰山，必先有事于配林。三月系，七日戒，三日宿，慎之至也。故礼有摈诏，乐有相步，温之至也。

礼也者，反本（修）〔循〕古，不忘其初者也。故凶事不诏，朝事以乐；醴酒之用，玄酒之尚；割刀之用，鸾刀之贵；莞簟之安，而稾鞂之设。是故先王之制礼也，必有主也，故可述而多学也。

君子曰："无节于内者，观物弗之察矣；欲察物而不由礼，弗之得矣。"故作事不以礼，弗之敬矣；出言不以礼，弗之信矣。故曰：礼也者，物之致也。

是故昔先王之制礼也，因其财物而致其义焉尔。故作大事必顺天时，为朝夕必放于日月。为高必因丘陵，为下必因川泽。是故天时雨泽，君子达亹焉。

是故昔先王尚有德，尊有道，任有能，举贤而置之，聚众而誓之。是故因天事天，因地事地，因名山升中于天，因吉土以飨帝于郊。升中于天，而凤皇降，龟龙假；飨帝于郊，而风雨节，寒暑时。是故圣人南面而立，而天下大治。

天道至教，圣人至德。庙堂之上，罍尊在阼，牺尊在西。庙堂之下，县鼓在西，应鼓在东。君在阼，夫人在房。大明生于东，月生于西。此阴阳之分，夫妇之位也。君西酌牺象，夫人东酌罍尊，礼交动乎上，乐交应乎下，和之至也。

礼也者，反其所自生；乐也者，乐其所自成。是故先王之制礼也以节事，修乐以道志。故观其礼乐，而治乱可知也。蘧伯玉曰："君子之人达。"故观其器而知其工之巧，观其发而知其人之知。故曰：君子慎其所以与人者。

大庙之内敬矣！君亲牵牲，大夫赞币而从。君亲制祭，夫人荐盎。君亲割牲，夫人荐酒。卿大夫从君，命妇从夫人，洞洞乎其敬也！属属乎其忠也，勿勿乎其欲其飨之也。纳牲诏于庭，血毛诏于室，羹定诏于堂。三诏皆不同位，盖道求而未之得也。设祭于堂，为祊乎外。故曰："于彼乎？于此乎？"

一献质，三献文，五献察，七献神。

大飨其王事与？三牲鱼腊，四海九州之美味也；笾豆之荐，四时之和气也。内金，示和也；束帛加璧，尊德也。龟为前列，先知也；金次之，见情也。丹、漆、丝、纩、竹、箭，与众共财也。其馀无常货，各以其国之所有，则致远物也。其出也，《肆夏》而送之，盖重礼也。

祀帝于郊，敬之至也；宗庙之祭，仁之至也；丧礼，忠之至也；备服器，仁之至也；宾客之用币，义之至也。故君子欲观仁义之道，礼其本也。

君子曰："甘受和，白受采；忠信之人，可以学礼。苟无忠信之人，则礼不虚道。是以得其人之为贵也。"

孔子曰："诵诗三百，不足以一献。一献之礼，不足以大飨。大飨之礼，不足以大旅。大旅具矣，不足以飨帝。""毋轻议礼！"

子路为季氏宰。季氏祭，逮暗而祭；日不足，继之以烛。虽有强力之容，肃敬之心，皆倦怠矣。有司跛倚以临祭，其为不敬大矣！他日祭，子路与。室事交乎户，堂事交乎阶。质明而始行事，晏朝而退。孔子闻之曰："谁谓由也而不知礼乎？"

注释

①大备：即《礼运》之"大顺"治国、平天下。"

②释回：消除邪恶。

③箭：小竹。

④柯：草木之茎。

⑤物：人。怀：归。也可以说是《中庸》篇的"修身、齐家、竹子外部的青皮。

礼的功用充分发展，礼才能趋于完备；而礼的完备，正是德行完善的表现。礼可以去除邪恶，增进人的本质之美；用之于身，可以使人正直；运用于事，则无所不达。礼对于人来说，好比竹箭有了皮，可以修饰其外；又好比松柏有了心，可以坚固其内。这外内两个方面，正是天下万物的大本。有了大本，所以就能历经春夏秋冬而不改变其枝叶的茂盛。君子如果有了礼，就能与外界和谐相处，而内心也无所怨恨。于是天下万物都把仁爱之名赠送给他，连鬼神也来亲飨他的美德。

　　先王制定礼，既有根本原则，又有外表的文采。忠信，是礼的根本；义理，是礼的文采。没有根本，礼不能成立；没有文采，礼无法施行。礼，符合天时，配合地利，顺应鬼神，符合人心，使万物各明其理。四时有不同的生物，土地有不同的物产，人体各有不同的功能，万物有不同的用途。凡是天不生、地不长的东西，君子是不会用来行礼的，因为鬼神也不会享用。居住在山中，却用产于水里的鱼鳖来行礼；居住在水滨，却用产于山里的鹿豕来行礼——这样做，君子认为是不知礼。所以一定要根据国内物产的多少，制定礼的法度。礼的大体，要视一国土地的广狭而定；礼的厚薄，要依据一年收成的好坏而定。这样，即使在年成很不好的时候，民众也不会忧虑畏惧。这样做，在上的人制定礼制就是有分寸的。

　　制礼的原则：首先要适应时代，其次要顺乎伦常，再次要适合于对象，再次要合于事宜，再次要与身份相称。尧传位给舜，舜传位给禹；商汤放逐夏桀，武王讨伐商纣，这些都是适应不同的时代。《诗经》上说："并非急于施用谋略，而是追怀先人的功业，显示自己的孝心。"意思就是说迫于时势，不得不这样做。王者祭祀天地，宗庙里祭祀祖先，父子之间的道德，君臣之间的大义，这些就是礼所顺应的伦常。对社稷、山川、鬼神的祭祀，要适合不同的对象。丧葬祭祀及宾客交往所需的费用，必须合于事宜。大夫及士的祭祀，仅用一只羔羊，一头小猪，看似微薄，却也足够参加祭祀的人分享；天子诸侯的祭祀，用牛、羊、豕三牲，看似丰盛，但也不会多余浪费，这便是与身份相称！诸侯可以收藏龟甲和圭璧，当做吉祥宝物，而大夫家中却不可收藏龟甲、圭璧，也不可像天子、诸侯那样筑起台门。这就是说礼与身份要相称。

礼仪有的是以多为尊贵。如天子有七所祖庙，诸侯有五所，大夫有三所，士只有一所。又如，天子的豆馈，有二十六个，公爵有十六个，诸侯有十二个，上大夫有八个，下大夫有六个。诸侯出聘，带有七个副员，主国馈以七大牢；大夫奉诸侯之命出聘则只带六个副员，主国馈六大牢。天子的坐席有五层，诸侯的坐席有三层，大夫只有两层。天子去世，七个月以后才下葬，葬时，茵和抗木各用五重，翣用八个。诸侯去世，五个月后便下葬，葬时用三重、六翣。大夫去世，三个月便下葬，葬时，用两重、四翣。这就是以多为尊贵。

但也有以少为尊贵的：如天子出巡，不设副员。最隆重的祭天仪式，却只用一头牛。天子来到诸侯国，诸侯也只用一头牛犊招待。又如诸侯相互朝聘，只用郁鬯相献，不摆设笾豆；而大夫来聘，却用脯醢款待。又如用餐时，天子一食便告饱，诸侯则两食，大夫和士三食，而从事体力劳动的下等人则可以不计数。祭天所用的大车，只用一圈繁缨来装饰马匹；而平常杂事所用的车马却用七圈，圭璋是玉中最贵重的，因而进献时可以单独进献；而次一等的琥璜，则需在进爵时一道进献。祭祀鬼神却只用一层席。又如诸侯临朝时，对大夫须个别地行拜见之礼，而对士则向众人行一次拜见之礼。这些都是以少为尊贵。

礼仪有的是以大为尊贵的。比如宫室的规模，器皿的规格，棺椁的厚薄，坟丘的大小，这些都以大为尊贵。但也有以小为尊贵的。如宗庙祭祀时，贵者用很小的爵来献尸，贱者却用很大的散；尸入以后，尊者举起较小的觯，卑者举起较大的角。"五献"放置酒器的方法，是把最大的盛酒器缶置于门外，较大的壶置于门内，而君侯与宾用的是较小的瓦甒，置于堂上。这些就是以小为尊贵。

礼仪有的是以高为尊贵的。如天子的堂阶高九尺，诸侯的七尺，大夫的五尺，士的只有三尺。只有天子和诸侯才可以筑起高高的台门。这些就是以高为尊贵。但也有的以低为尊贵。如郊祀祭天燔柴是致敬的礼仪，但却并不登坛，只是在坛下扫地而祭。天子诸侯放置酒樽不用禁，而大夫和士却把酒器置于不同高度的案架上。这些都是以低为尊贵的。

礼仪有的以文饰为尊贵。如天子的礼服绘有龙纹，诸侯礼服以黼为饰，大夫礼服以黻为饰，而士只穿上黑下绛的衣服。天子的冕有朱绿二色的花纹，又用十二条旒来装饰。诸侯则有九条旒，上大夫七条，下大夫五条，士三条。这些都是以文饰为尊贵的，但也有以朴素为尊贵的。如祭天时袭裘服而不见文采，在父亲面前不必讲究繁文缛节。上等的圭玉不加雕琢，上等的羹汤不加调料，祭天的大车朴素无华，只铺着蒲席，牺尊用粗布覆盖，杓是用白色的木料制成的，这些都是以朴素为尊贵的。

孔子说："礼不可不加审察。各种礼不可混同，不可增添，也不可减少。"这就是说要做到相称。礼仪中以多为贵的，是因为那些是关于心外之物的。王者的德行发扬于外，普施于万物，治理天下，使万物

丰盛。像这样，难道能不以多为尊贵吗？所以君子乐于发扬于外啊！礼仪中以少为贵的，是因为那些是关系到内心之德的。德的产生是极其细致精微的，看天下之物虽多，但没有一样是可以和内心的德相比的。要表达内心之德，怎能不以少为尊贵呢？所以君子要慎审自己内心的虔诚。古代的圣人，既尊重内心的诚德，又喜爱外在的文饰；既重视少的真诚，又赞美多的展示。所以先王制礼，该少的不可多，该多的不可少，只求达到相称。

所以卿大夫用太牢祭祀，是合于

礼的；而士若是用太牢来祭祀，就等于是盗窃。管仲在他的祭器上雕刻精美的花纹，冠冕上配以天子才用的红色系带，又在斗拱上刻山，短柱上刻藻。君子认为他这种过分的行为超出了大夫之礼。而晏平仲在祭祀祖先时，只用一只小猪腿，小得盖不满碗，而且穿着洗过多次的旧衣帽去上朝。君子认为他的行为过于节俭，也是不合于礼。所以君子行礼不可不慎重，因为礼是众人的纲纪。纲纪涣散，众人就乱了。孔子说："我战则得胜，祭则得福。"大概就是因为他懂得礼要相称的道理。

君子认为："祭祀时不可把祈求福佑当做目的，不可求早求快。仪式的规模不可一味求大，不可特别偏爱喜庆礼仪。牲的规格并非越肥大越好，供品的种类也不是越多越好。"孔子说："臧文仲哪里懂得礼啊？夏父弗綦颠倒祭祀的次序，他也不制止。而且在灶神面前进行燔柴之祭。祭灶神是老妇人的事，只需用盆来盛供品，用瓶来盛酒浆就可以了。"

礼，就好比是人的身体，身体不完备，君子就称之为不完善的人。礼安排得不适当，那就与不完善的人一样。礼仪有的是大礼，有的是小礼，有的礼的意义是明显的，有的礼是微妙的。该大的礼不可缩小，该小的礼不可扩大；明显的不必掩盖，微妙的不必张扬。礼的纲要有三百，礼的细目有三千，而最终都要归结到一个诚字。这就像人要进屋，不可不经过门一样。君子对于礼，是竭尽情感和诚心的，表达内心的敬意是出于诚，完成外在的美好文饰也是出于诚。君子对于礼，有的直接顺着自己的情感而实行，有的则要克制自己才能实行，有的是不分贵贱一律等同的，有的却是从尊到卑、顺次减损的，有的是除其上者而及于下者的，有的却是自下而上、逐级推进的，有的是向上仿效而更加文饰的，有的却是向上仿效、但不可以达到的，还有的是下级顺次拾取上级的礼仪的。

夏商周三代的礼，本质上是一样的，为民众所共同遵循。而形式上，有的以素白色为贵，有的以青黑色为贵。夏代开始创立，殷代有所因循。如夏代的尸无事时站着，直到祭祀结束。殷代则无事有事，尸总是坐着。周代的尸也是坐着，至于告尸、劝尸无常规，三代也是这样，因为所依据的道理是相同的。周代还把六庙之尸聚集到太庙，一起互相敬酒。所以曾子说："周代的礼，就像众人凑钱喝酒吧！"

君子认为：礼仪中与现在人情相近的内容，倒反而不是至上的礼。比如祭天用血，大飨用生肉，"三献"用半生不熟的肉，一献才用熟肉。所以君子对于礼，并不只为表达情感的需要而随意创作，而是从古代有所继承的。诸侯相见，一定要有七名"介"来协助宾方行礼，不这样就显得太简单直率了。相见时，主客要三请三让，然后才进入府中，不这样就显得太急迫了。所以鲁国人将要祭上帝，一定先在泮宫里禀告；晋国人将要祭黄河，必定先祭较小的滹沱河；齐国人将要祭泰山，必定先祭较小的配林。祭祀前三个月，就要把牲畜系在牢中作好准备，前七天便开始半斋戒状态，前三天实行严格斋戒。真是极其谨慎啊！行礼，必须有司仪，乐师必须有人扶持引路，真是极其温文尔雅、从容不迫啊！

所谓礼，是要使人返回人的本心，追念远古，不忘自己的祖先。所以凶丧之事，不必诏告，人们自然会哀痛；朝廷聚会，演奏音乐，人们自然欢乐。现在人们饮用的是甘甜的醴酒，但祭祀时却尊尚古人的清水酒；有锋利的快刀可以使用，而祭祀时却以古人粗笨的鸾刀为贵；有了舒服的莞簟之席，而祭祀时却用古人的草垫子。这就是追念远古，不忘祖先的表示。所以先王制礼，一定是有着源于本心或继承先古的意思，后人也可以追述而学习。君子说："内心没有礼的标准，观察事物就不明了。观察事物不通过礼是不行的，做事不按照礼是不恭敬的，说话不符合礼是不可信的。所以说，礼是一切事物的准则。"

所以过去先王制礼，是顺着自然物质来表达礼的意义的。举行祭祀一定符合天时；朝日和夕月的安排，必然根据日月的运行。就好比筑高必须凭借丘陵，掘地必须凭借河泽。所以当天时调和、雨露滋润的时候，君子也就更加勤勉。所以过去先王崇尚有德的人，尊敬有道的人，重用有能的人，举拔贤人，安置职位。把众人聚集起来，宣誓告诫。于是借天生之物以祭天，借地产之物以祭地。登上名山，举行封禅之礼，选择吉地，郊祀天帝。登山封禅，于是凤凰来仪，龟龙皆至；郊祀天帝，于是风调雨顺，寒暑得时；这样，圣人只要南面而立，天下也就太平了。

天道是礼教的最高法则，而圣人则具有最高的德行。庙堂之上，罍尊置于东面，牺尊象尊置于西面。庙堂之下，大鼓置于西面，小鼓置于东面。国君站在东面，夫人立在东房。这就象征着太阳从东方升起，新月在西方出现。这便是阴阳的区别，夫妇的位置。然后国君来到西面从牺尊象尊中酌酒，而夫人则来到东面从罍尊中酌酒。当堂上在进行象征阴阳交动的礼仪时，堂下东西两边的鼓乐也交相呼应。这真是和谐到极点啊！

制礼就要追溯产生礼的本源，作乐则是表达对礼教完成的喜悦。先王制礼，用来节制人们的行为；而修乐则是要引导人们的情志。所以观察一国的礼乐，便可以知道其治乱的情况。蘧伯玉说："君子是达观明察的。"所以观察器物，便能知道工匠的巧拙；观察其外在的表现，便能知道那个人的内在智慧。所以说：君子对于用来跟人交接的礼乐，一定要十分谨慎。

太庙之内是多么恭敬！君王亲自将牲牵入，大夫协助国君持着币帛跟随在后。君王亲自制祭，夫人献上盎齐之酒。然后君王又亲自割取牲体，夫人再次献酒。卿大夫们跟随着国君，命妇们跟随着夫人，诚心而又恭敬，专心而又忠诚，十分勤勉地一献再献，希望祖先们来歆享。牵牲入庙时，在庭中向神禀告；荐血毛时，在室内察告；荐熟食时，在堂上禀告。三次禀告不在同一个地方，表示求神而不敢肯定神在哪里。正祭设在堂上，而祊祭却设在门外，好像是在问："神在哪里啊？神在这里吗？"一献之礼还比较质朴粗略，三献则稍加文饰，五献就更加显盛，七献之礼就好像神真的在眼前了。

太祖庙中的大飨之礼只有天子才能举行吧！祭祀用的三牲鱼腊，收集了四海五州的美味；笾豆中盛放的供品，包罗了四季和气的产物。四方诸侯的贡金，显示着天子和诸侯们的和睦融洽；贡献的币帛加上玉璧，表示对于美德的尊重；贡品排列的次序以龟在最前，因为龟可以占卜吉凶，预知未来；金放在第二位，因为金可以用来照见物性。再次是丹砂、油漆、蚕丝、绵絮、竹箭，表示天子与民众同享这些日用财物。其余贡品则没有固定品种，都是各国就其所有而贡献的特产，显示着天子能够招致远方之物。诸侯礼毕而出，便奏起《陔夏》为他们送别，显示礼节的隆重。在郊外祭祀天帝，体现着最高的崇敬；宗庙祭祀，体现着极端的仁爱；丧礼，体现着极端的忠心；服器的完备，表现了对死者极大的孝敬；宾客前来赠送币帛，体现了极高的道义。所以，君子要观察仁义之道，礼就是根本的依据。

　　君子说："甘味可以用来调和五味，白色可以用来绘上五色；忠信的人，才可以学礼。如果没有忠信的人，那么礼也不会凭空实行。所以得到可以实行礼的人是十分可贵的。"孔子说："纵使能诵读《诗三百》，但却未必能承担一献之礼。懂得了一献之礼，却还不足以承担大飨之礼。懂得了大飨之礼，却还不足以承担大旅之礼。懂得了大旅之礼，却还不足以祭祀上帝。所以切不可轻率地议论礼。"

　　子路做季桓子的家宰。过去季氏举行庙祭，天未亮就开始，忙了一天还没完，又点起蜡烛继续干。即使是身强力壮，有虔诚恭敬之心的人，也都疲惫不堪了。以至于管事的人拖着腿歪歪倒倒地执掌祭事，简直是不大敬啊！后来有一次子路参与庙祭，室事在门口交接，堂事在阶下交接。天亮开始祭祀，傍晚便结束，孔子听到这件事，说道："谁能说子路不懂得礼呢？"

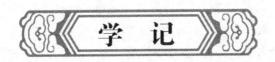

学 记

原 文

发虑宪，求善良，足以谀闻，不足以动众。就贤体远，足以动众，未足以化民。君子如欲化民成俗，其必由学乎①！

玉不琢，不成器；人不学，不知道。是故古之王者建国君民，教学为先。《兑命》曰："念终始，典于学。"其此之谓乎②！

虽有嘉肴，弗食，不知其旨也；虽有至道，弗学，不知其善也。是故学然后知不足，教然后知困。知不足，然后能自反也；知困，然后能自强也。故曰：教学相长也。《兑命》曰："学学半。"其此之谓乎③。

古之教者，家有塾，党有庠，术有序，国有学。比年入学，中年考校。一年视离经辨志，三年视敬业乐群，五年视博习亲师，七年视论学取友，谓之小成。九年知类通达，强立而不反，谓之大成。夫然后足以化民易俗，近者说服而远者怀之，此大学之道也。《记》曰："蛾子时术之。"其此之谓乎④。

大学始教，皮弁祭菜，示敬道也。《宵雅》肆三，官其始也。入学鼓箧，孙其业也。夏、楚二物，收其威也。未卜禘不视学，游其志也。时观而弗语，存其心也。幼者听而弗问，学不躐等也。此七者，教之大伦也。《记》曰："凡学，官先事，士先志。"其此之谓乎⑤。

大学之教也，时教必有正业，退息必有居学。不学操缦，不能安弦；不学博依，不能安《诗》；不学杂服，不能安礼；不兴其艺，不能乐学。故君子之于学也，藏焉，修焉，息焉，游焉。夫然，故安其学而亲其师，乐其友而信其道，是以虽离师辅而不反。《兑命》曰："敬孙务时敏，厥修乃来。"其此之谓乎⑥！

今之教者，呻其佔毕，多其讯言，及于数进，而不顾其安，使人不由其诚，教人不尽其材。其施之也悖，其求之也佛。夫然，故隐其学而疾其师，苦其难而不知其益也，虽终其业，其去之必速。教之不刑，其此之由乎！

大学之法，禁于未发之谓豫，当其可之谓时，不陵节而施之谓孙，相观而善之谓摩。此四者，教之所由兴也。

发然后禁，则扞格而不胜；时过然后学，则勤苦而难成；杂施而不孙，则坏乱而不修；独学而无友，则孤陋而寡闻；燕朋逆其师；燕辟废其学。此六者，教之所由废也。

君子既知教之所由兴，又知教之所由废，然后可以为人师也。故君子之教喻也，道而弗牵，强而弗抑，开而弗达。道而弗牵则和，强而弗抑则易，开而弗达则思。和易以思，可谓善喻矣。

学者有四失，教者必知之。人之学也，或失则多，或失则寡，或失则易，或失则止。此四者，心之莫同也。知其心，然后能救其失也。教也者，长善而救其失者也。善歌者，使人继其声；善教者，使人继其志。其言也约而达，微而臧，罕譬而喻，可谓继志矣。

君子知至学之难易，而知其美恶，然后能博喻，能博喻然后能为师；能为师然后能为长，能为长然后能为君。故师也者，所以学为君也。是故择师不可不慎也。《记》曰："三王四代唯其师。"此之谓乎！

凡学之道，严师为难。师严然后道尊。道尊然后民知敬学。是故君之所不臣于其臣者二：当其为尸，则弗臣也；当其为师，则弗臣也。大学之礼，虽诏于天子，无北面，所以尊师也。

善学者，师逸而功倍，又从而庸之。不善学者，师勤而功半，又从而怨之。善问者，如攻坚木，先其易者，后其节目，及其久也，相说以解；不善问者反此。善待问者，如撞钟，叩之以小者则小鸣，叩之以大者则大鸣，待其从容，然后尽其声。不善答问者反此。此皆进学之道也。

记问之学，不足以为人师。必也其听语乎！力不能问，然后语之；语之而不知，虽舍之可也。

良冶之子必学为裘；良弓之子必学为箕；始驾马者反之，车在马前。君子察于此三者，可以有志于学矣。

古之学者，比物丑类。鼓无当于五声，五声弗得不和；水无当于五色，五色弗得不章；学无当于五官，五官弗得不治；师无当于五服，五服弗得不亲。

君子曰："大德不官，大道不器，大信不约，大时不齐。察于此四者，可以有志于学矣。"三王之祭川也，皆先河而后海，或源也，或委也，此之谓务本。

注释

①发虑，启发谋虑。宪，法。发计谋虑，当拟度于法式。求，招来。言叟，小。言叟闻，小有名声。动众，师役之事兴师动众。就，躬身下就。体，亲近。化民，教化民众。成俗，成就美俗。此节讲化民成俗必由学。言教育之功能。

②琢，治玉。君民，君长、领导民众。兑，说之误。《说命》，《尚书》逸文。殷相傅说告高宗语：思念不忘从始至终习经典于学。言学不可稍废。此节紧承上节讲建国君民教学为先。言教育之重要地位。

③旨，美也。自反，反求于己。自强，修业不敢倦怠。学学半，前学，教也，音xiào；学学半，教人乃益已学之半。此节承上节讲教学相长。以上三节讲教育之重要、教育之意义、目的。

④党，五百家。术，即遂，一万二千五百家为遂。国，指天子、诸侯国都。比年，每年。中年，间隔一年。考校、考察。离经，离断经句。辨志，辨心意趋向。博学亲师，广博学习、亲爱其师。论学取友，论学说是非、选取良友。知类通达，知义理事类、通达无疑。强立，临事不惑，自然坚强。不反，不违师道、经道。说，悦。怀，来也，安也。蛾，蚍蜉、大蚁。时术，时术蚍蜉微虫之所为，其功乃复成大蛭（蚁冢）。时习，蛾子，蚍蜉幼虫，时时习衔土之事。术，习。此一节讲教育制度。

⑤始教，始立教学。皮弁，天子之朝朝服，祭菜，以芹、藻等菜祭礼先圣先师。宵，小，宵雅，《小雅》。肄，习。肄三，习《小雅》《鹿鸣》《四牡》《皇皇者华》三诗。三诗皆君臣宴乐相劳苦之诗。入学，学士入学。鼓，鼓乐聚之。箧，书箧。夏，榎；楚，荆二者皆体罚之物。收其威，整齐威仪。禘（dì），大祭。游其志，游暇学者之志。时观，教者时时观察之。躐，越。伦，理。官，居官者。此节承上节讲天子、诸侯教学大礼。第四、五节皆讲教育制度。

⑥时教，教学之道当时习。正业，教必用正典。操缦，调弦练指法，教乐之法。安弦，安善其弦。博依，广博譬喻，依依声韵，教诗之法。杂服，礼服众杂之色，教礼之法。艺，指各种技艺。兴，乐、欣喜。藏，怀抱，立志在心。修，学习，勤学勤习。息，作劳休止。游，游乐。敬孙…学者敬道逊业，务及时疾修所业，其所学乃成。敏，疾速、抓紧；来，成。此节论教学之道。

译文

多思考问题，广为招求善良之人，这样做只能使自己小有名声，却还不足以感动群众。亲近贤人，体察疏远之士的内心，这样做能够感动群众，却不足以转变民心，改变风俗。君子如果想转变民心、形成良好的风俗，恐怕一定要从教育入手吧！

美玉不经过雕琢，不会成为有用的器物；人不经过学习，就不会懂得道理。因此，古代的帝王建立国家、统治人民，都把教学放在最前面。《尚书·兑命》说："要自始至终常常想着学习。"就是这个意思吧！

虽然有好的菜肴，但不吃就不会知道它的美味；虽然有极高明的道理，但不学就不会知道它好在何处。所以只有通过学习，然后才能了解自己的不足；只有通过教别人，才能知道自己哪些问题没有弄通、感到困辱。知道了自己的不足之处，然后才能反过来要求自己加强学习；感到了困辱，然后才能自我勉励，发愤图强。所以说，教和学是相互促进的。《兑命》说："教别人，相当于自己学习功效的一半。"大概就是这个意思吧。

古时教学，二十五户则有塾，一党则有庠，一遂则有序，一国则有学。每年都有入学的人，每隔一年考核其学习情况。入学第一年结束时，考察他给经文断句的能力，辨别经文之主旨何在；第三年考察他是否专心学业、是否乐于和同学相处；第五年考察他是否广博学习、亲近师长；第七年考察他能否在学术上有自己的见解，能否选择有益的人作朋友。如果能做到这些，这就叫做"小成"。第九年考察他能否触类旁通、遇事有定见、不为外物所左右。如果能做到这些，就叫"大成"。这样才能教化人民、改变风俗，使近处的人心悦诚服而远方的人都来归顺。这就是大学教育人的步骤。古书记载说："小蚂蚁时时向大蚂蚁学习衔泥。"说的就是这个意思吧。

天子、诸侯在学生刚入大学的时候，派负责官员穿皮弁服，用蘋、藻一类的物品祭先圣先师，以向学生显示对道艺的尊敬。在祭先圣、先师时，让学生练习歌唱《小雅》中的《鹿鸣》、《四牡》、《皇皇者华》三首诗，以使他们入学之初就明白为官之道。学生入学时，先击鼓把他们召集到一起，然后打开书箱拿出书籍等物，要他们谦逊谨慎地对待学业。榎和楚两样东西是用来笞罚学生的，使他们有所畏惧，整顿

少年读礼记

威仪。在卜禘以前，天子、诸侯不去视察学校，考查学生，目的是让学生有较充足的时间按自己的志向努力学习。教师时时观察学生学习，发现学生有疑难问题时，先不讲给他听，让学生多思考。年幼的学生只听老师的讲解而不随便提问题，学习不逾越一定进度。这七条，是教学的大道理。古代的记载说："凡是学习，如果学做官，就先教给他与职务有关的事；如果学做士，就先教他学士应有的志向。"就是说的这个意思吧。

大学的教学，要顺着时序。所教的都有正常的科目，在休息时，也一定有课外温习项目。如不练习指法，琴瑟就弹不好；不多学譬喻，诗就写不好；不学洒扫应对等细碎的事，行礼就行不好；不能喜欢学习技艺，学习正业的兴趣也就高不了。所以君子心里常常想着学业，每天学而不辍，休息时也在学，闲游时也在学，无论何时何刻，不离学习。正因为这样，所以他能安于学习，亲近老师，乐于和同学相处，对自己所学的道理有深刻的信念。因此，即使离开了老师、朋友，也不会违反自己所信奉的道理。《兑命》说："敬重所学的道，恭顺地对待学业，时时刻刻不停止努力，那么，所修的学业就一定成功。"就是说的这个意思吧。

如今教人的人，只是看着简册念，讲解多而快，进度太快而不考虑学生能否接受，不是诚心地教育学生，不考虑学生才能的高低而因材施教。他们教育学生既违背了情理，学生求学也就不可能顺利。因此，学生就厌恶学习、憎恶老师，只感到学习的困难而不知道学习的益处。即使最后勉强完成了学业，也一定很快就会忘记。教育的不成功，就是由于这个原因吧！

大学的教育方法，在学生不正当的欲望发生之前就加以禁止，这就叫做防患未然；抓住最合适的时机进行教育，这就叫做合乎时宜；不超越正常的顺序进行教育，这就叫做循序渐进；学生互相观摩，学习他人的长处，这就叫做切磋琢磨。这四条是教育成功的方法。

在学生不正当的欲望已经发生以后再去禁止，这就和学生的想法抵触格格不入，因而不起作用；适宜的学习时期已经过去了，才来学习，则学起来很费力而又不易取得成就；教育时不按部就班、循序渐进，而是杂乱无章，则学生的学业就会搞得杂乱以致无法收拾；单独学习而没有朋友一起切磋琢磨，就会学识浅陋，见闻不广；与不好的朋友相交往，就会导致不听师训；宠幸女子小人，就会导致荒废学业。这六条是教育失败的原因。

君子只有既明白了教育成功的方法，又明白了教育失败的原因，然后才可以做老师。所以君子在教育学生的时候，只加引导，而不是拉着逼他前进；对学生要多加鼓励，而不是使他沮丧压抑；讲解时在于启发，不把全部讲尽。只引导而不强逼，则师生之间就感情融洽；多鼓励而不是压抑，则学生学习时就会感到比较容易；只启发而不详尽讲解，则学生就用心思考。能做到这三点，就可称得上是善于教育人了。

学习的人会犯四种过失，做老师的一定要知道。人在学习的时候，有的一味贪多，有的不肯多读书，有的见异思迁，有的浅尝辄止。这四种情况的产生，是人心不同的缘故。做教师的一定要先了解学生的心理，然后才能加以补救。所谓教育，就是培养、发扬学生的优点而挽救他们的过失。

善于唱歌的人，能使听众跟在他后面唱起来；善于教学的人，能使学生能举一反三。他讲话辞简而意明，所讲的道理幽深而解说精妙，讲时比喻虽少却使人易懂。这样就能够使学生举一反三了。

君子知道求学的深浅次第，又知道学生资质的高低，然后才能够采用多种教学方法。能做到这一点，才能够做老师；能做老师，才能做官长；能做官长，才能做国君。学生跟着老师学习，也就是学习做国君的德行，因此选择老师不能不慎重。古代记载说："虞、夏、商、周三王四代无不以择师为重。"就是这个意思吧。

在学习中最难做到的是尊敬老师。老师受到尊重，那么他所传的道艺才能受到尊重；道艺受到尊重，然后人民才会把学习看得很重要。因此，国君不以对待臣子的态度来对待臣子的情形只有两种：一是当臣子在祭祀中担任尸的时候，一是当臣子做自己老师的时候。按照大学里的礼节，即使是对天子讲课，老师也不面朝北。这就是为了表示对老师的尊重。

善于学习的人，老师很轻松而教学效果却双倍，并且把功劳归于老师；不善于学习的人，老师很辛勤而教学效果却只有一半，并且还怨恨老师。善于提问题的人，就像砍伐坚硬的木头，先从容易的地方开始，而把较硬的节疤留在后面，时间一久，那些节疤也就脱落分解了；不善于提问的人则与此相反。善于回答人家问题的人就像撞钟一样，轻轻地敲打，钟声就小；用力敲打，钟声就大；打钟的人一定要从容不迫有间歇，然后钟声才会余音悠扬。不善答问的人则与此相反。这些都是增进学问的方法。

只会记诵书本而没有领会，这种人不能做人家的老师。做老师的一定要根据学生的问题加以解答。如果学生不会提问，那老师应讲给他听。如果讲给他听了他还是不懂，那就暂时不再讲了。

好的铁匠的儿子，一定会用零碎的兽皮补缀成裘衣；好的弓匠的儿子，一定会把柳条弯屈编成畚箕；刚开始学驾车的小马，一定要先把它系在车的后面，让它跟在老马后面逐步适应。君子观察这三件事，就可以立定学习的志向了。

古代的学者以同类事物相比方。鼓的声音并不相当于五声中的哪一声，但是当乐器演奏时，没有鼓则五声就没有和谐的节奏；水的颜色并不相当于五色中的哪一色，但是当绘画的时候，没有水则五色就不鲜明；有学问并不等于就可以做官，可是做官的如果没有学问就做不好工作；老师并不相当于五服中的哪一种亲属，但是五服之亲如果没有老师的教诲，则他们之间的感情就不亲密。

君子说："具有伟大德行的圣人，并不专门担任某一种官职；作为宇宙万物的大道，并不局限于一种事物；最大的诚信不需要订立盟约；天之四时虽不相同，却运转不停，是最准确的守时。一个人明白了这四种情况，就有志于学之本了。"夏、商、周三代天子在祭川的时候，都是先祭河，后祭海，这是因为河是海的源头，海是河的末尾。这就叫务本。

祭 义

祭不欲数，数则烦，烦则不敬。祭不欲疏，疏则怠，怠则忘。是故君子合诸天道，春禘秋尝。

〔秋，〕霜露既降，君子履之，必有凄怆之心，非其寒之谓也。春，雨露既濡，君子履之，必有怵惕之心，如将见之。乐以迎来，哀以送往，故禘有乐而尝无乐。①

致齐于内，散齐于外，齐之日，思其居处，思其笑语，思其志意，思其所乐，思其所嗜。齐三日，乃见其所为齐者。祭之日，入室，僾然必有见乎其位；周还出户，肃然必有闻乎其容声；出户而听，忾然必有闻乎其叹息之声。是故先王之孝也，色不忘乎目，声不绝乎耳，心志嗜欲不忘乎心；致爱则存，致悫则著，著存不忘乎心，夫安得不敬乎？②

君子生则敬养，死则敬享，思终身弗辱也。君子有终身之丧，忌日之谓也。忌日不用，非不祥也，言夫日志有所至，而不敢尽其私也。③

唯圣人为能飨帝，孝子为能飨亲。飨者乡也，乡之，然后能飨焉。是故孝子临尸而不怍。君牵牲，夫人奠盎；君献尸，夫人荐豆；卿大夫相君，命妇相夫人。齐齐乎其敬也，愉愉乎其忠也，勿勿诸其欲其飨之也！④

文王之祭也，事死者如事生，思死者如不欲生，忌日必哀，称讳如见亲。祀之忠也，如见亲之所爱，如欲色然，其文王与！《诗》云："明发不寐，有怀二人。"文王之（诗）〔谓〕也。祭之明日，"明发不寐"，飨而致之，又从而思之。祭之日，乐与哀半，飨之必乐，已至必哀。⑤

仲尼尝，奉荐而进，其亲也悫，其行也趋趋以数。已祭，子赣问曰："子之言'祭，济济漆漆然'，今子之祭，无济济漆漆，何也？"子曰："济济者，容也，远也；漆漆者，容也，自反也。容以远，若容以自反也，夫何神明之及交？夫何济济漆漆之有乎？反馈乐成，荐其荐俎，序其礼乐，备其百官，君子致其济济漆漆，夫何慌惚之有乎？夫言岂一端而已，夫各有所当也。⑥"

孝子将祭，虑事不可以不豫；比时具物，不可以不备；虚中以治之。宫室既修，墙屋既设，百物既备，夫妇齐戒，沐浴；盛服，奉承而进之，洞洞乎，属属乎，如弗胜，如将失之，其孝敬之心至也与！荐其荐俎，序其礼乐，备其百官，奉承而进之，于是谕其志意，以其慌惚以与神明交，庶或飨之，庶或飨之！孝子之志也！

孝子之祭也，尽其悫而悫焉，尽其信而信焉，尽其敬而敬焉，尽其礼而不过失焉。进退必敬，如亲听命，则或使之也。孝子之祭可知也：其立之也，敬以诎；其进之也，敬以愉；其荐之也，敬以欲，退而立，如将受命；已彻而退，敬齐之色不绝于面：孝子之祭也！立而不诎，固也；进而不愉，疏也；荐而不欲，不爱也；退立而不如受命，敖也；已彻而退，无敬齐之色，而忘本也：如是而祭，失之矣。

孝子之有深爱者，必有和气；有和气者，必有愉色；有愉色者，必有婉容。孝子如执玉，如奉盈，洞洞属属然如弗胜，如将失之。严威俨恪，非所以事亲也，成人之道也。[⑦]

先王之所以治天下者五：贵有德，贵贵，贵老，敬长，慈幼。此五者，先王之所以定天下也。贵有德，何为也？为其近于道也。贵贵，为其近于君也。贵老，为其近于亲也。敬长，为其近于兄也。慈幼，为其近于子也。是故至孝近乎王，至弟近乎霸。至孝近乎王，虽天子必有父。至弟近乎霸，虽诸侯必有兄。先王之教，因而弗改，所以领天下国家也。[⑧]

子曰："立爱自亲始，教民睦也。立敬自长始，教民顺也。教以慈睦，而民贵有亲。教以敬长，而民贵用命。孝以事亲，顺以听命，错诸天下，无所不行。"

郊之祭也，丧者不敢哭，凶服者不敢入国门，敬之至也。

祭之日，君牵牲，穆答君，卿、大夫序从。既入庙门，丽于碑；卿、大夫袒，而毛牛尚耳；鸾刀以刲，取膟膋，乃退；燔祭、祭腥而退，敬之至也。

郊之祭，大报天而主日，配以月。夏后氏祭其闇，殷人祭其阳。周人祭日，以朝及闇。祭日于坛，祭月于坎，以别幽明，以制上下。祭日于东，祭月于西，以别外内，以端其位。日出于东，月生于西，阴阳长短，终始相巡，以致天下之和。

天下之礼，致反始也，致鬼神也，致和用也，致义也，致让也。致反始，以厚其本也。致鬼神，以尊上也。致物用，以立民纪也。致义，则上下不悖逆矣。致让，以去争也。合此五者以治天下之礼也，虽有奇邪而不治者，则微矣。

宰我曰："吾闻鬼神之名，不知其所谓。"

子曰："气也者，神之盛也。魄也者，鬼之盛也。合鬼与神，教之至也。"

"众生必死，死必归土，此之谓鬼。骨肉毙于下，阴为野土。其气发扬于上，为昭明焄蒿凄怆，此百物之精也，神之著也。因物之精，制为之极，明命鬼神，以为黔首则，百众以畏，万民以服。圣人以是为未足也，筑为宫室，设为宗祧，以别亲疏远迩；教民反古复始，不忘其所由生也。众之服自此，故听且速也。二端既立，报以二礼：建设朝事，燔燎（膻）〔馨〕芗，（见）〔觏〕以萧光，以报气也。此教众反始也。荐黍稷，羞肝肺首心，（见间）〔觏〕以侠瓺，加以郁鬯，以报魄也。教民相爱，上下用情，礼之至也。"

"君子反古复始，不忘其所由生也，是以致其敬，发其情，竭力从事以报其亲，不敢弗尽也。是故昔者天子为藉千亩，冕而朱纮，躬秉耒；诸侯为藉百亩，冕而青纮，躬秉耒。以事天地、山川、社稷、先古，以为醴酪齐盛于是乎取之，敬之至也。"

"古者天子诸侯必有养兽之官，及岁时，齐戒沐浴而躬朝之，牺牷祭牲必于是取之，敬之至也。君召牛，纳而视之，择其毛而卜之吉，然后养之。君皮弁素积，朔月、月半君巡牲，所以致力，孝之至也。"

"古者天子诸侯必有公桑蚕室，近川而为之，筑宫仞有三尺，棘墙而外闭之。及大昕之朝，君皮弁素积，卜三宫之夫人、世妇之吉者，使入蚕于蚕室，奉种浴于川，桑于公桑，风戾以食之。岁既单矣，世妇卒蚕，奉茧以示于君，遂献茧于夫人。夫人曰：'此所以为君服与！'遂副祎而受之，因少牢以礼之。古之献茧者，其率用此与？及良日，夫人缫，三盆手，遂布于三宫夫人、世妇之吉者，使缫。遂朱绿之，玄黄之，以为黼黻文章。服既成，君服以祀先王先公，敬之至也。"

君子曰："礼乐不可斯须去身"。致乐以治心，则易、直、子、谅之心油然生矣。易、直、子、谅之心生则乐，乐则安，安则久，久则天，天则神。天则不言而信，神则不怒而威，致乐以治心者也。致礼以治躬则庄敬，庄敬则严威。心中斯须不和不乐，而鄙诈之心入之矣。外貌斯须不庄不敬，而慢易之心入之矣。故乐也者，动于内者也；礼也者，动于外者也。乐极和，礼极顺，内和而外顺，则民瞻其颜色而不与争也，望其容貌而众不生慢易焉。故德辉动乎内，而民莫不承听；理发乎外，而众莫不承顺。故曰："致礼乐之道，而天下塞焉，举而错之无难矣。"

乐也者，动于内者也；礼也者，动于外者也。故礼主其减，乐主其盈。礼减而进，以进为文；乐盈而反，以反为文。礼减而不进则销，乐盈而不反则放，故礼有报而乐有反。礼得其报则乐，乐得其反则安。礼之报，乐之反，其义一也。

曾子曰："孝有三，大孝尊亲，其次弗辱，其下能养。"公明仪问于曾子曰："夫子可以为孝乎？"曾子曰："是何言与！是何言与！君子之所谓孝者，先意承志，谕父母于道。参直养者也！安能为孝乎？"

曾子曰："身也者，父母之遗体也。行父母之遗体，敢不敬乎？居处不庄，非孝也；事君不忠，非孝也；莅官不敬，非孝也；朋友不信，非孝也；战陈无勇，非孝也。五者不遂，灾及于亲，敢不敬乎？亨孰膻芗，尝而荐之，非孝也，养也。君子之所谓孝也者，国人称愿然，曰：'幸哉有子如此。'所谓孝也已。众之本教曰孝，其行曰养。养可能也，敬为难；敬可能也，安为难；安可能也，卒为难。父母既没，慎行其身，不遗父母恶名，可谓能终矣。仁者，仁此者也；礼者，履此者也；义者，宜此者也；信者，信此者也；强者，强此者也。乐自顺此生，刑自反此作。"

曾子曰："夫孝，置之而塞乎天地，溥之而横乎四海，施诸后世而无朝夕，推而放诸东海而准，推而放诸西海而准，推而放诸南海而准，推而放诸北海而准。《诗》云：'自西自东，自南自北，无思不服。'此之谓也。"

曾子曰："树木以时伐焉，禽兽以时杀焉。夫子曰：'断一树，杀一兽，不以其时，非孝也。'孝有三：小孝用力，中孝用劳，大孝不匮。思慈爱忘劳，可谓用力矣。尊仁安义，可谓用劳矣。博施备物，可谓不匮矣。父母爱之，嘉而弗忘；父母恶之，惧而无怨。父母有过，谏而不逆；父母既没，必求仁者之粟以祀之。此之谓礼终。"

乐正子春下堂而伤其足，数月不出，犹有忧色。门弟子曰："夫子之足瘳矣，数月不出，犹有忧色，何也？"乐正子春曰："善如尔之问也！善如尔之问也！吾闻诸曾子，曾子闻诸夫子曰：'天之所生，地之所养，无人为大。父母全而生之，子全而归之，可谓孝矣。不亏其体，不辱其身，可谓全矣。故君子顷步而弗敢忘孝也。'今予忘孝之道，予是以有忧色也。一举足而不敢忘父母，一出言而不敢忘父母。一举足而不敢忘父母，是故道而不径，舟而不游，不敢以先父母之遗体行殆。一出言而不敢忘父母，是故恶言不出于口，忿言不反于身，不辱其身，不羞其亲，可谓孝矣。"

昔者有虞氏贵德而尚齿，夏后氏贵爵而尚齿，殷人贵富而尚齿，周人贵亲而尚齿。虞、夏、殷、周，天下之盛王也，未有遗年者。年之贵乎天下久矣，次乎事亲也。是故朝廷同爵则尚齿：七十杖于朝，君问则席；八十不俟朝，君问则就之：而弟达乎朝廷矣。行肩而不并，不错则随，见老者则车徒辟，斑白者不以其任行乎道路，而弟达乎道路矣。居乡以齿，而老穷不遗，强不犯弱，众不暴寡，而弟达乎州巷矣。古之道，五十不为甸徒，颁禽隆诸长者，而弟达乎蒐狩矣。军旅什伍，同爵则尚齿，而弟达乎军旅矣。孝弟发诸朝廷，行乎道路，至乎州巷，放乎蒐狩，（修）〔循〕乎军旅，众以义死之而弗敢犯也。

祀乎明堂，所以教诸侯之孝也。食三老五更于大学，所以教诸侯之弟也。祀先贤于西学，所以教诸侯之德也。耕藉，所以教诸侯之养也。朝觐，所以教诸侯之臣也。五者天下之大教也。

食三老五更于大学，天子祖而割牲，执酱而馈，执爵而酳，冕而总干，所以教诸侯之弟也。是故乡里有齿而老穷不遗，强不犯弱，众不暴寡，此由大学来者也。天子设四学，当入学而大

94

天子巡守，诸侯待于竟，天子先见百年者。八十九十者东行，西行者弗敢过；西行，东行者弗敢过。欲言政者，君就之可也。

壹命齿于乡里，再命齿于族，三命不齿。族有七十者，弗敢先。七十者不有大故不入朝；若有大故而入，君必与之揖让，而后及爵者。

天子有善，让德于天。诸侯有善，归诸天子。卿大夫有善，荐于诸侯。士、庶人有善，本诸父母，（存）〔荐〕诸长老。禄爵庆赏，成诸宗庙，所以示顺也。

昔者圣人（建）〔达〕阴阳天地之情，立以为《易》。易抱龟南面。天子卷冕北面，虽有明知之心，必进断其志焉，示不敢专，以尊天也；善则称人，过则称己，教不伐，以尊贤也。

孝子将祭祀，必有齐庄之心以虑事，以具服物，以修宫室，以治百事。及祭之日，颜色必温，行必恐，如惧不及爱然。其奠之也，容貌必温，身必诎，如语焉而未之然。宿者皆出，其立卑静以正，如将弗见然。及祭之后，陶陶遂遂，如将复入然。是故悫善不违身，耳目不违心，思虑不违亲；结诸心，形诸色，而术省之。孝子之志也。

建国之神位，右社稷而左宗庙。

注释

①禘：当为"钓勿己。药"。天子、诸侯的在春天祭祀宗庙。"天子、诸侯宗庙之祭，春曰钓，夏曰禘，秋曰尝，冬曰烝。秋：此字原脱，据郑玄注补。

②致齐：即致斋。齐，通"斋"。下同。致斋是祭祀前三天的严格斋戒，昼夜居于斋宫。散齐：致齐前七天开始的初步斋戒。散斋可以在斋宫外进行。俊（创爱）然：隐约，仿佛。其位：《说苑·修文》作"其容"，义胜，今从之。闻乎其容声："容"与"闻"字不搭配，当是衍字。喜：诚实，谨慎。

③忌日：父母亲逝世的纪念日。

④君牵牲九句：大体上已见之于《礼器》的"大庙之内敬矣"节，可参看彼注。齐齐：读作"斋斋"，恭敬严肃。

⑤《诗》云二句：见《诗·小雅·小宛》。文王之诗也：王念孙说"诗"当作"谓"。祭之明日：指正祭次日的绎祭。《公羊传》明日也。"二人：指去世的父母。今从之。

⑥尝：秋祭。荐：姐也。趋趋：步伐急促。数：通"速"。济济：仪表整齐貌。若：及，和。反馈：天子、诸侯庙祭凡九献，反馈是第五献中的礼节。祭毕，尸出在堂，主人更设祭品于室，迎尸入室而馈。慌惚：指与神明交接时的精神状态。恭敬谨慎貌此时血腥之。

⑦洞洞乎：诚恳的样子。属属乎：专一的样子。孝子之祭也五句：按《郊特牲》云："祭，岂知神之所飨也？主人自尽其敬而已矣。"此五句正是此意。而忘本也：郑玄说"而"是衍字。成人之道：郑玄说："然则孝子不失其孺子之心也。"

⑧弟：通"悌"。顺从和敬爱兄长。

译文

祭祀不可太频繁，太频繁就倦烦，倦烦就失去了敬意；但祭祀又不可太疏阔，太疏阔就怠慢，怠慢了就要遗忘。所以君子按照天道运行的规律，春天举行禘祭，秋天举行尝祭。秋天霜露覆盖大地，君子踏上这霜露，心中产生凄怆的感情。这倒并非因为天气的寒冷，而是想起了死去的亲人。春天雨露滋润大地，君子踏上这雨露，必然会有所震动，疑惑将会见到死去的亲人。人们以喜悦的心情迎接春天到来，以哀伤的心情送别秋天归去，所以禘祭奏乐而尝祭不奏乐。

祭祀之前必须进行斋戒。致斋三天必须昼夜居于室内，散斋的七天则可以出外。在致斋的日子里要时时思念死者生前的起居、谈笑、思想、爱好、口味等等情形。致斋三天之后，眼前就好像真的见到所要祭祀的祖先了。到了祭祀的那一天，进入室内，隐隐约约似乎看见祖先容貌；转身出门，心中一惊，似乎真的听见了祖先说话声；出门再听,似乎还可听见祖先的喟然叹息声,所以先王是那样的孝敬。以至于祖先的容颜时刻在眼前,祖先的声音时刻不离耳,祖先的思想爱好时刻记在心上。对祖先的爱戴达到极点,所以祖先总是活在心上;虔诚之心达到极点,所以祖先的形象赫然出现在眼前。祖先的存在和形象时时不离心头,怎能不恭敬呢?

君子在父母生前尽心奉养,父母死后则诚心祭祀。终身都想着不可辱没父母。君子终身要为父母服丧,这就是指每年父母的忌日。忌日里不做其他事情,并非这个日子本身是个不吉祥的日子,而是说在这个日子里,对父母的思念到了极点。不敢再为自己做私事了。只有圣人才能使上帝来飨用他的祭祀,也只有孝子才能使父母来飨用他的祭祀。因为"飨"就有"向"的意思,只有诚心向往,鬼神才会来飨。所以孝子在尸前站立,不会有不和悦的颜色。诸侯祭祀时,国君亲自牵牲,夫人献上盎齐之酒。杀牲后,国君亲自以血毛献尸,夫人也献上盛放在豆中的祭品。大夫们协助国君,有封号的妇人们协助夫人。整齐而又恭敬,和悦而又诚心,非常勤勉地忙碌着,希望鬼神来飨用。

文王祭祀时,事奉死者就好像事奉活人,思念死者好像不想活了。每到忌日,一定十分哀伤,提到父母的名讳,就好像看见了父母。文王祭祀时心中是多么忠诚啊,就好像见到父母生前所喜爱的东西一样,又好像世俗之人喜好美色一般,也只有文王才能这样吧!《诗》上说:"天明尚未眠,心中想双亲。"这就是写文王的诗啊!正祭的第二天,直到天亮还没有入睡。进献祭品请双亲来飨用,又因此更加思念双亲。祭祀的日子里,又是喜悦又是哀伤。迎接双亲来飨时,心中十分喜悦;双亲既来之后,想到马上又要离去,心中就又十分哀伤。

孔子在尝祭时,亲自捧着祭品献尸,老实忠厚的样子,走得很快,步子急促。祭祀之后,子贡问道:"您曾说祭祀时君子应该仪态从容,神情矜持,而您今天祭祀却不是这样,这是为什呢?"孔子说:"仪态从容,是一种疏远的表现;神情矜持,是自我专注的表现。疏远而又注重自我,怎么与神明交接呢?在这时怎么还能仪态从容,神情矜持呢?而当国君祭祀,我们作为宾客去参加时,反馈之礼完毕,奏起了音乐,荐上了牲体,按照礼乐的次序,大夫百官济济一堂,这时君子便可以仪态从容,神情矜持,这时怎么能像与神明交接时那样恍恍惚惚呢?说话岂能一概而论?应当针对各不相同的情况呀。"

孝子将要祭祀,考虑事情不可不预先准备。到了祭祀时,一切器物不可不准备齐全,而且要心无杂念地去做这些准备。宫室修理一新,墙屋整饰停当,各种物品都准备好。然后主人夫妇就穿上礼服斋戒沐浴。捧着供品献尸,神情是那样虔诚恭敬,小心谨慎,好像承受不了手中供品的重量,好像担心会从手中失落,其孝敬之心真是达到极点了吧!荐上牲体,奏起了音乐,百官宾客也按照礼节来协助。这时便通过祝词表达主人的心意,恍惚中仿佛真在和神灵交接,希望神灵来飨用!希望神灵来飨用!这便是孝子的心意。孝子的祭祀,能尽心于诚笃,因而行动也无不诚笃,尽心于相信,因而鬼神如在眼前;尽心于恭敬,因而举止也无不恭敬;尽心于礼仪,因而礼节没有过失。一进一退,都一定恭恭敬敬,好像真的在父母跟前,听命于父母的使唤。

从孝子的祭祀,可以知道他的心情。他站立时,恭敬地弯曲着腰;走上前时,恭敬地面带喜悦;献上祭品时,恭敬地满怀希望。退下来站定后,好像还将上前听候吩咐。直到撤掉祭品退下来时,恭敬庄重的神色仍未从脸上消失。相反,如果祭祀的时候,孝子站在那儿不弯腰,那就显得太鄙陋了;上前时脸上不愉快,那就和鬼神疏远了;献上供品时并不怀着鬼神来飨的希望,那就说明对祖先不是真心爱戴;退下来后并不像还要听候吩咐的样子,那就是傲慢的表现;撤掉祭品退下来,便失去了恭敬的神气,那就是忘记了祖先。像这样的祭祀,便失去了意义。孝子对父母有深深的爱戴,必然表现出和悦之色;有和悦之气,必然有愉快的神色;有愉快的神色,必然有温顺的容止。孝子祭祀时好像手上捧着一块玉,又好像是捧着一碗水,虔诚而又专心,仿佛自己力不胜任,生怕从手中落下。相反,那种威严肃穆、一本正经的样子,不是孝子用来事奉父母的态度,那只是大人对小辈的态度。

先王用来治理天下的有五条原则：重视有德的人，重视有地位的人，尊重年老的人，敬重长辈，爱护幼辈。这五条就是先王用来定天下的。重视有德的人，是为了什么呢？因为有德的人接近天道。重视有地位的人，是因为他近似于君王。尊重老年人是因为他近似于父母。敬重长辈，是因为他近似于兄长。爱护幼辈，是因为他近似于子女。因此，孝的极点，也就接近于王道；悌的极点，也就接近于霸道。孝的极点接近王道，是因为即使是称王的天子也一定孝其父母；悌的极点接近霸道，是因为即使是称霸的诸侯也一定敬其兄弟。先王的礼教，就是遵循上述原则而不加改变，所以能够领导天下国家。

孔子说："建立仁爱之心，应从孝顺父母开始，用以教导人民慈爱和睦。建立恭敬之心，应从尊敬兄长开始，用以教导人民顺从命令。教导人民慈爱和睦，人民就会以事奉双亲为美德；教导人民尊敬兄长，人民都会以顺从命令为光荣。以'孝'心来事奉双亲，以'顺'的态度来听从命令，这个方法放到天下任何地方，都不会行不通的。"

举行郊祀祭天时，有丧事的人也不敢哭，穿丧服的人连国门也不敢进。这是对天帝极其恭敬啊！祭祀的日子，国君亲自牵牲，他的儿子辈在对面协助他，卿大夫依次跟随。进了庙门，便把牲系在石碑上。卿大夫袒开左臂，动手杀牲。先取下告尸用的牛毛，以耳部的毛为最好。用弯刀割牛，取出血和肠子间的脂肪。然后卿大夫就退下去，再等到生肉和熟肉相继献上去之后，国君才退下去，真是极其恭敬啊！

郊天之祭，是为了报答天上的众神，但以日神为主，以月神配祭。夏代人在黄昏祭日，商代人在中午祭日，周代人祭日，则从早晨到黄昏。祭日是在坛上，祭月是在坑中，以此区别幽暗和光明，划定上与下。祭日面向东，祭月面向西，以此来区分内与外，端正各自的位置。旭日从东方升起，新月在西天出现，日月一阴一阳，昼夜长短不断变化，终而又始，循环反复，使得天下和谐。

天下的礼有五项作用：追怀初始，沟通鬼神，开发物资，树立道义，提倡谦让。追怀初始，不忘本，用以增厚根基；沟通鬼神，使人懂得要尊重在上者；开发资源，建立人民的生活保障；树立道义，使上下的人不至于背叛作乱；提倡辞让，消除人与人之间的争夺。如能结合这五个方面的作用来运用天下的礼，那么即使还有奇异邪恶不听从治理的人，也一定只是极少数了。

宰我说："我听到鬼神这个名称，但不知它指的是什么。"孔子说："气，便是由神的盈盛而产生的；魄，便是由鬼的盈盛而产生的。把鬼与神合起来祭祀，这是达到礼教的目的。一切有生命的东西都是要死的。死后其体魄必然归土，这就叫做鬼。骨肉在地下烂掉变成田野里的土，而它的气却升腾而上，焕发出光芒，蒸发出气味，使人悚然有所触动。这就是众生物的精灵，神的显示。圣人根据万物的精灵制定了极其尊严的称呼，明确命名为鬼神，用来作为老百姓的法则。于是众人因此而敬畏，万民因此而顺服。圣人认为这样做还不够，于是又筑起官室，设立宗桃，以区别鬼神的亲疏远近，教导人民怀古寻根，纪念祖先，不要忘记自己是从哪里来的。民众由此而服从教化，并且很快地听从命令。鬼神二者的地位已经确立，就用两种礼仪来报答鬼神。一是行朝践之礼，烧烤肉类和谷物，让它们的香气和萧蒿燃烧的烟火一齐上升，这是用来报答'气'，也就是'神'的，可以教导民众追怀初始。二是献上黍稷，以及牲的肝、肺、头、心，夹以两瓱郁邑之酒，这是用来报答'魄'，也就是'鬼'的，可以教导民众相亲相爱。这样对上对下都尽了情，礼也就十分完善了。君子追古寻根，不忘自己是从哪里来的，所以要向鬼神表达自己的敬意和感情，竭力工作，来报答亲人，不敢不尽心尽力。所以从前天子也有一千亩籍田，戴起系有红帽带的冠冕，亲自拿起农具去耕种。诸侯也有一百亩籍田，戴起系有绿帽带的冠冕，亲自拿起农具去耕种。所收的谷物用来事奉天地山川、社稷之神和列祖列宗。祭祀所用的醴酪齐盛，就是从他们籍田里收获而来的。这是多么恭敬啊！古代天子诸侯都设有养兽的官，每年到一定的时候，天子诸侯斋戒沐浴，然后亲自去察看所养的牲口。祭祀所用的牲畜就是从这里取来的。这真是十分恭敬啊！君主事先派人把牛牵来，由他亲自察看，选择毛色，进行占卜，得到吉利之兆，然后加以特别饲养。君主还穿上朝服，于每月初一、十五去巡视这些牲畜，表示他是很尽力的。这是多么孝敬啊！古代天子诸侯都有公家的桑园和养蚕的宫室，临近河边建造。筑起的宫室有一丈高，外面布满荆棘的围墙。每年到了三月初一的早晨，君主穿上朝服，通过占卜在三宫夫人和命妇中挑选有吉兆的人到蚕室去养蚕。她们捧着蚕种到河里去漂洗，到公家桑园去采桑，让风吹干桑叶上的露水，然后用来喂蚕。等到春季已尽，命妇们蚕事结束，奉上新结的蚕茧让君主过目，随后把蚕茧献给君主的夫人，夫人就说：'这是用来给君王做衣服的吧？'于是穿着礼服把蚕茧收下，并用一羊一豕来招待献茧的命妇。古代献茧的礼节，大概都是这样，以后再选定吉祥的日子开始缫丝。先由夫人三次把手伸入泡着蚕茧的盆里。抽出丝头，然后把蚕茧分发给有吉兆的贵族妇人去缫丝。此后还要用红、绿、黑、黄等颜色，染上黼黻花纹。制成礼服后，君王便穿着这样的礼服祭祀先王先公。这真是恭敬到极点了啊！"

君子说：礼乐是人们不可片刻离开的。推广乐来治理内心，平和正直慈爱诚实的心情就自然产生了。有了这样的心情就会快乐，快乐就能平安，平安就能长久，长久就能上通于天，上通于天就能与神交会。天不必说话，就能使人相信；神不须发怒，就使人敬畏。这就是运用乐来治理内心。运用礼来修治自己的容貌仪表，就会使人庄重恭敬。庄重恭敬就会有威严。心中如有片刻不平和不快乐，卑鄙奸诈的心思就会侵入。外貌有片刻不庄重不恭敬，轻率怠慢的念头就会出现。所以乐是发动于内心，礼是作用于外表。乐极其平和，礼极其恭

顺。内心平和，外表恭顺，那么民众看到他这样的脸色，也就不会跟他争执了；看到他的容貌，众人也就不会产生轻率怠慢的作风了。

所以道德的光辉发动于内，民众就没有人会不听他的命令。礼的准则表现在外表，民众就没有人会不顺从他的领导。所以说：运用礼乐教化，使之充满天下，治理国家就不难了。乐，是发动于内心的；礼，是作用于外表的。礼的意义在于减损；乐的意义在于充盈，因为礼教人克制、减损，做起来比较困难，所以要加以鼓励，以努力去做为美。而乐使人抒发、充盈，做起来比较容易，所以要有所控制，以有所控制为美。礼是减损的，如果不鼓励，就会渐渐消亡。乐是充盈的，如果不控制就会走向放纵。所以礼应该有鼓励，乐应该有控制。礼有了鼓励人们就乐于实行；乐有了控制人的情感才会安稳。对礼的鼓励，对乐的控制，道理是相通的。

曾子说："孝可分为三等：上等是尊敬父母，次等是不使父母羞辱，下等是只能赡养父母。"公明仪问曾子道："你可以算是行孝道了吧？"曾子说："哪儿的话！哪儿的话！君子的孝，应该能在父母的意志没有表示之前就预先知道，并且按照父母的意志去做。同时又能晓谕父母，使他们的意志合于正道。我只不过做到赡养父母罢了。怎能算是孝呢？"

曾子说："身体是父母的遗物，用父母的遗物来行动，敢不慎重吗？日常起居不庄重，不是孝；为君主做事不忠诚，不是孝；做官不慎重，不是孝；与朋友交往不讲信用，不是孝；打仗不勇敢，不是孝。这五个方面不能做到，也就等于给父母带来了祸殃，能不慎重吗？如果只是在祭祀的日子里，煮一点牲肉黍稷奉献一下，那也不能算作'孝'，只能叫做'养'。君子所说的孝子是全国人都称赞羡慕他，好像在说：'有这样的儿子多幸运啊！'像这样才算是孝。教化民众的根本是孝，而行动则是从养开始。养是容易的，有敬意则不容易了；有敬意能做到，不带勉强则不容易；能做到不带勉强，终身孝敬则不容易。父母去世之后，依然十分小心自身的行为，不使父母蒙上恶名，这样可以算是终身孝敬了。仁，就是要以孝为本；礼，就是要实践孝；义，就是行动要合乎孝；信，就是要用行动证实孝；强，就是要勉力做到孝。欢乐是由于顺着孝道而产生的，刑罚是由于违反孝道而招致的。"

曾子说："孝道精神树立起来，可以充满天地，散布开来，可以流行四海，传播到后代必将永远存在。推广到东海是正确的；推广到西海是正确的；推广到南海是正确的；推广到北海也是正确的。《诗》上说：'从西到东，从南到北，无不遵从。'就是说的这个情况。"

曾子说："树木要在适当的时节去砍伐，禽兽也要在适当的时节去捕杀。夫子说过：'砍一棵树，杀一头兽，如果不适时，便是不孝。'孝有三等：小孝出力气，中孝建功业，大孝无所欠缺。能思念父母的慈爱，因而忘掉自己的劳苦，就可以算是出力气了；能尊尚仁德，安然地按照正道行事，就可以建立功业，为父母争光了；如果德泽普施于天下，使天下万物丰盛，以此来祭祀父母，那便是无所欠缺了。父母喜爱他，他便很高兴地记在心上；父母厌恶他，他于是戒惧谨慎，但却没有一点怨恨。父母有过错，他婉言规劝却不违逆。父母死后，他一定以自己劳动的收获来祭祀。这样，孝的礼节才算终结。"

乐正子春一次从堂上下来扭伤了足，于是他一连几个月不出门，脸上带着忧虑的神色。他的弟子说："您的足已经好了，您一连数月不出门，现在脸上还有忧虑的神色，这是为什么呢？"

乐正子春说："你问得很好！你问得很好！我曾听曾子说过，而曾子又是听孔子说的：'天所生、地所养的一切生物，没有比人更伟大的。'父母把我们完整地生下来，我们也要使自己完整地还给他，这样才算是孝。不损伤自己的肉体，不辱没自己的人格，这样才算是完整的。所以君子哪怕是走半步路，也不敢忘记孝。而我一时竟忘了孝道，以至于伤了足，所以我很忧虑。君子每抬一次足都不敢忘记父母，每说一句话都不敢忘记父母。每抬一次足都不敢忘记父母，所以总是走大路而从不抄捷径，总是乘舟而从不游水，不敢用父母给我的身体去冒险。每说一句话都不敢忘记父母，所以从来不口吐恶言，自然也就不会招惹别人的辱骂；我自身不受侮辱，也不会给父母带来羞耻，这样可以算是孝了。"

从前虞舜的时代，重视道德，同时尊重年长的人。夏代则重视官爵，同时也尊重年长的人。殷代重视财富，同时也尊重年长的人。周代重视亲属关系，同时也尊重年长的人。虞、夏、殷、周四代，是天下王道全盛的时代，这四代都没有忽视对年长者的尊重。可见天下对年长者的尊重是由来已久，这仅次于孝敬父母。所以在朝廷上，官爵相同的人则以年长者为上，七十岁可以拄着手杖上朝，君王如有问，就要给他设坐席。八十岁的人上朝，行了朝见礼之后不必等朝事结束就可以先回去。君王如有所问，则亲自到他府上去。这就是悌道行于朝廷。在道路上行走，不同年龄的人不能并肩而行，不是斜错雁行，就是跟随在后。见到老年人，不论车辆行人都要让路；头发斑白的人，不可以让他背负重物在路上走。这就是悌道行于道路。居住在同一乡中，也应以年长的人为尊，即使是贫穷的老人也不可遗弃。不可以强凌弱，以众欺寡。这样悌道就行于乡间了。古代有规定，五十岁以上的人在田猎时就不充当徒役了。而分配猎获的禽兽，则长者多分。这样悌道就行于田猎之中了。军队的编制，官阶相同的人以年长者居上，这样悌道又行于军队中了。孝悌之道从朝廷开始，实行到道路上，传播到乡党间，田猎的时候也照样实行，军队里也遵守，大家都愿死守孝悌之道，而不敢违背。

在明堂举行大祭，用以教导诸侯实行孝道；在大学里宴请"三老五更"，用以教导诸侯实行悌道；在西学里祭祀前代贤人，用以教导诸侯树立贤德；天子亲自耕种籍田，用以教导诸侯供奉祖先；安排朝觐之礼，用以教导诸侯臣服于天子。这五个方面，是天下最重要的教育。

在大学供养三老五更，天子袒开衣襟亲自割牲，捧着碗给老人进食，又捧上酒爵请他们漱口，还戴上冠冕，手执盾牌，为他们起舞。这就是教导诸侯要尊敬长者的悌道。于是乡邻里都按年龄排列上下，老人中的贫穷者也不会被遗漏。强不凌弱，众不欺寡。这种风尚就是从天子的大学里传下来的。天子设置了四处学校，到了年龄入学，即使是太子也和同学们一起按长幼排列位置。

天子巡狩，诸侯要在边境上迎候。天子到了一国，要先会见百岁老人。八十九十的老人行走在大路的一侧，即使在大路另一侧的行人，也不敢超越而行。老人如果要发表政见，君主应亲自登门就教。乡间饮酒时排列座次，有一命官爵的人，仍然要和乡里人一道按年龄排次序。二命的人，在自己的族人中还须按年龄排次序。三命的人，不必按年龄排次序了，但遇到自己族中七十岁以上的人还是不敢越前的。七十以上的人没有大事是不用上朝的；如有大事上朝，君主应该先跟他拜揖谦让一番，然后才顾及爵位高的人。

天子有善行，应该把功德归之于天；诸侯有善行，要归功于天子；卿大夫有善行，要进献于诸侯；士、庶人有善行，要归功于父母的养育和长辈的教诲。颁发爵禄，施行奖赏，都是在宗庙里举行，表示归功于祖先，对祖先表达敬顺之意。从前圣人依照阴阳、天、地的情况制定了"易"。掌卜筮的人抱着用来占卜的龟南面而立，天子却穿着冕服北面而立，恭听神的意旨。即使天子有聪明智慧，也要请神来作出决断，表示自己不敢自专，而是尊重天意。有善绩，则归功于他人；有过错，则归咎于自己。教导民众不要骄傲自夸，而要尊重贤人。

孝子将要祭祀时，必定怀着谨慎而庄重的心情来考虑事情，准备祭服和祭品，修整宫室，处理各项事务。到祭祀的日子，脸色必须很温和，但走路却很紧张，好像担心见不到亲人的样子。祭奠的时候，面容一定要温和，身体要前屈，口中好像要说话而没有说出的样子。助祭的宾客都已出去时，孝子还沉默地躬身站在那儿，好像没有看见别人出去。祭祀结束后，孝子神情恍惚地跟着出来，又好像随时还要再进去的样子。孝子的忠厚善良时时表现在身上，耳目的功能完全受心情的支配，心中的思虑总不能离开亲人。这种感情郁结在心中，流露于外表，回忆和深思着，这就是孝子的心情啊！

设立国家的神位，社神稷神的庙在右边，列祖列宗的庙在左边。

祭义

105

经 解

孔子曰："入①其国，其教可知也。其为人也，温柔敦厚，《诗》教也；疏通知远，《书》教也；广博易良，《乐》教也；絜静精微，《易》教也；恭俭庄敬，《礼》教也；属辞比事，《春秋》教也。故《诗》之失愚，《书》之失诬，《乐》之失奢，《易》之失贼，《礼》之失烦，《春秋》之失乱。其为人也，温柔敦厚而不愚，则深于《诗》者也；疏通知远而不诬，则深于《书》者也；广博易良而不奢，则深于《乐》者也；絜静精微而不贼，则深于《易》②者也；恭俭庄敬而不烦，则深于《礼》者也；属辞比事而不乱，则深于《春秋》者也。"

天子者，与天地参，故德配天地，兼利万物，与日月并明，明照四海而不遗微小。其在朝廷则道仁圣、礼义之序，燕处则听《雅》、

《颂》③之音，行步则有环佩之声，升车则有鸾和之音。居处有礼，进退有度，百官得其宜，万事得其序。《诗》云："淑人君子，其仪不忒。其仪不忒，正是四国。"此之谓也。

发号出令而民说谓之和，上下相亲谓之仁，民不求所欲而得

之谓之信，除去天地之害谓之义。义与信，和与仁，霸、王之器也。有治民之意而无其器，则不成。礼之于正国也，犹衡之于轻重也，绳墨之于曲直也，规矩之于方圆也。故衡诚县，不可欺以轻重；绳墨诚陈，不可欺以曲直；规矩诚设，不可欺以方圆；君子审礼，不可诬以奸诈。是故，隆礼、由礼，谓之有方之士；不隆礼、不由礼，谓之无方之民。敬让之道也。故以奉宗庙则敬，以入朝廷则贵贱有位，以处室家则父子亲、兄弟和，以处乡里则长幼有序。孔子曰："安上治民，莫善于礼。"此之谓也。

故朝觐之礼，所以明君臣之义也。聘问之礼，所以使诸侯相尊敬也。丧祭之礼，所以明臣子之恩也。乡饮酒之礼，所以明长幼之序也。昏姻之礼，所以明男女之别也。夫礼，禁乱之所由生，犹坊止水之所自来也。故以旧坊为无所用而坏之者，必有水败；以旧礼为无所用而去之者，必有乱患。

故昏姻之礼废，则夫妇之道苦，而淫辟之罪多矣。乡饮酒之礼废，则长幼之序失，而争斗之狱繁矣。丧祭之礼废，则臣子之恩薄，而倍死忘生者众矣。聘觐之礼废，则君臣之位失，诸侯之行恶，而倍畔侵陵之败起矣。故礼之教化也微，其止邪也于未形，使人日徙善远罪而不自知也，是以先王隆之也。《易》曰："君子慎始。差若豪氂，缪以千里。"此之谓也。

①入：进入。

②《易》：《易经》是一本揭示变化的书，由太极阴阳图和八卦及六十四卦构成。

③《雅》、《颂》：《诗经》两部

译 文

孔子说："进入一个国家，就可以知道这个国家教化的情况。如那里的人们温和柔顺，纯朴忠厚，那就是受了《诗》的教化。如果是开明通达，博古通今，那就是受了《书》的教化。如果是心胸舒畅，轻松和善，那就是受到了《乐》的教化。如果是清静精明，细致入微，那就是受了《易》的教化。如果是谦恭辞让、庄重严肃，那就是受了《礼》的教化。如果是善于辞令，议论是非，那就是受了《春秋》的教化。《诗》的弊端在于使人愚钝，《书》的弊端在于浮夸不实，《乐》的弊端在于使人奢侈，《易》的弊端在于伤害正道，《礼》的弊端在于纷繁琐碎，《春秋》的弊端在于造成混乱。如果为人温和柔顺、纯朴忠厚而又不愚钝，那就是深刻地理解了《诗》；开明通达、博古通今而又不浮夸，那就是深刻地理解了《书》；心胸舒畅、轻松和善而又不奢侈，那就是深刻地理解了《乐》；清静精明、细致入微而又不害正道，那就是深刻地理解了《易》；谦恭辞让、庄重严肃而又不繁琐，那就是深刻地理解了《礼》；善于辞令、议论是非而又不混乱，那就是深刻地理解了《春秋》。"

天子是与天、地并列为三，他的光辉可以与日月齐明，光芒照耀四海，无微不至。他在朝廷上，说的是仁圣礼义的道理；休息时，听的是雅、颂的音乐；走路时，则伴随着玉佩的声音节奏；上车，则伴随着车铃的声音节奏。一举一动，都合礼仪；一进一退，皆有法度。手下百官，安排适当；身边百事，有条不乱。《诗经》上说："善良的君子，礼仪无差错。礼仪无差错，四方都安定"，就是说的这种情况啊。天子发号施令，而能使人民感到喜悦，就叫做"和"。在上在下的人相亲相爱，就叫做"仁"。人民不必主动提出要求，就能得到满足，就叫做"信"，消灭天地间害人的东西，就叫做"义"。"义"与"信"，"和"与"仁"是实现霸王之业的必要条件。只有治民的心意，而没有治民的条件，事情是做不成的。

用礼来治国，就好比用秤来称轻重，用绳墨来量曲直，用规矩来画方圆。如果把秤认真悬起，是轻是重就骗不了人了；把绳墨认真拉起，是曲是直就瞒不了人了；把规矩认真用起，是方是圆就一目了然了。君子如果能认真地依照着礼来治国，就不会被奸邪的伎俩所欺骗了。所以重视礼、遵循礼，就叫做有道之士；不重视礼，不遵循礼，就叫做无道之民。礼也就是叫人遵循恭敬辞让的道德。在宗庙里奉行礼，必然虔诚恭敬。在朝廷上奉行礼，必然使尊贵的人和卑贱的人都安心于自己的职位。在家庭里奉行礼，必然使父子亲密、兄弟和睦。在乡邻里奉行礼，必然使长辈和幼辈不会乱了次序。孔子说："要想安定君主的地位，治理民众，没有比用礼更好的了。"这就是说的这个道理。

制定朝觐之礼，是为了明确君臣之间的大义；制定聘问之礼，是为了使诸侯互相尊敬，制定丧礼祭礼，是为了表示臣和子对君、父之恩的报答。制定乡饮酒之礼，是为了明确长辈和幼辈之间的秩序。制定婚姻之礼，是为了明确男女之间的区别。这些礼，都是为了禁绝祸乱产生的根由，就好像提防可以阻止洪水的到来一样。如果认为从前的提防已经没有用处而把它毁掉，那就一定会发生水灾；如果认为古代的礼仪已经没有用处而把它废掉，那就一定会产生祸患。废掉婚姻之礼，做夫妻就十分困难，奸淫不轨的罪行就会很多。废掉乡饮酒之礼，长辈幼辈就会不分上下，争吵斗殴的案件就会增多。废掉丧礼、祭礼，臣子对君父的恩情就会淡薄，背叛死者、忘记祖先的人就会很多。废掉朝觐、聘问之礼，君臣之间就乱了上下的位置，诸侯的行为就会十分恶劣，于是互相背叛、互相侵害的祸乱就会产生。

所以礼的教化，是在不知不觉中进行的，它能在邪恶尚未形成的时候就将其制止。它能使人一天一天走向善德，远离罪过，而自己却不知道。因此，先王特别重视礼。《易》书上说："君子对于事情的开始，要十分谨慎，因为开始差了毫厘，到以后就要错之千里了。"这就是说的这个道理。

哀公问

　　哀公问于①孔子曰："大礼何如？君子之言礼何其尊也？"孔子曰："丘也小人，不足以知礼。"君曰："否！吾子言之也。"孔子曰："丘闻之，民之所由生，礼为大。非礼无以节事天地之神也，非礼无以辨君臣、上下、长幼之位也，非礼无以别男女、父子、兄弟之亲，昏姻疏数之交也。君子以此之为尊敬然。然后以其所能教百姓，不废其会节。有成事，然后治其雕镂、文章、黼黻以嗣。其顺之，然后言其丧算，备其鼎俎，设其豕腊，修其宗庙，岁时以敬祭祀，以序宗族。即安其居，节丑其衣服，卑其宫室，车不雕几，器不刻镂，食不贰味，以与民同利。昔之君子之行礼者如此。"

　　公②曰："今之君子胡莫之行也？"孔子曰："今之君子，好实无厌，淫德不倦，荒怠敖慢，固民是尽，午其众以伐有道，求得当欲不以其所。昔之用民者由前，今之用民者由后，今之君子莫为礼也。"

　　孔子侍坐于哀公。哀公曰："敢问人道谁为大？"孔子愀然作色而对曰："君之及此言也，百姓之德也！固臣敢无辞而对？人道，政为大。"

　　公曰："敢问何谓为政？"孔子对曰："政者正也。君为正，则百姓从政矣。君之所为，百姓之所从也。君所不为，百姓何从？"公曰："敢问为政如之何？"孔子对曰："夫妇别，父子亲，君臣严。三者正，则庶物从之矣。"公曰："寡人虽无似也，愿闻所以行三言之道，可得闻乎？"孔子对曰："古之为政，爱人为大。所以治爱人，礼为大。所以治礼，敬为大。敬之至矣，大昏为大。大昏至矣！大昏既至，冕而亲迎，亲之也。亲之也者，亲之也。是故，君子兴敬为亲；舍敬，是遗亲也。弗爱不亲，弗敬不正。爱与敬，其政之本与？"

公曰："寡人愿有言。然，冕而亲迎，不已重乎？"孔子愀然作色而对曰："合二姓之好，以继先圣之后，以为天地宗庙社稷之主，君何谓已重乎？"公曰："寡人固！不固，焉得闻此言也？寡人欲问，不得其辞，请少进！"孔子曰："天地不合，万物不生。大昏，万世之嗣也，君何谓已重焉！"

孔子遂言曰："内以治宗庙之礼，足以配天地之神明；出以治直言之礼，足以立上下之敬。物耻，足以振之；国耻，足以兴之。为政先礼，礼，其政之本与？"

孔子遂③言曰："昔三代明王之政，必敬其妻子也，有道。妻也者，亲之主也，敢不敬与？子也者，亲之后也，敢不敬与？君子无不敬也，敬身为大。身也者，亲之枝也，敢不敬与？不能敬其身，是伤其亲。伤其亲，是伤其本。伤其本，枝从而亡。三者，百姓之象也。身以及身，子以及子，妃以及妃，君行此三者，则忾乎天下矣，大王之道也。如此，则国家顺矣。"

公曰："敢问何谓敬身？"孔子对曰："君子过言，则民作辞；过动则民作则。君子言不过辞，动不过则，百姓不命而敬恭。

如是，则能敬其身；能敬其身，则能成其亲矣。"

公曰："敢问何谓成亲？"孔子对曰："君子也者，人之成名也。百姓归之名，谓之君子之子。是使其亲为君子也，是为成其亲之名也已！"

孔子遂言曰："古之为政，爱人为大。不能爱人，不能有其身。不能有其身，不能安土。不能安土，不能乐天。不能乐天，不能成其身。"

公曰："敢问何谓成身？"孔子对曰："不过乎物。"公曰："敢问君子何贵乎天道也？"孔子对曰："贵其'不已'。如日月东西相从而不已也，是天道也。不闭其久，是天道也。无为而物成，是天道也。已成而明，是天道也。"

公曰："寡人蠢愚，冥烦，子志之心也！"孔子蹴然辟席而对曰："仁人不过乎物，孝子不过乎物。是故，仁人之事亲也如事天。事天如事亲，是故孝子成身。"公曰："寡人既闻此言也，无如后罪何！"孔子对曰："君之及此言也，是臣之福也。"

注 释

①于：向。学而：'子禽问于子贡。'明史·卷二·太祖本纪二：'丙子，颁即位诏于天下。'

②公：哀公，鲁哀公，姓姬名蒋，"哀"为谥号。

③遂：就；于是。多用于书面语。

译 文

哀公问孔子道："大礼究竟是怎样的呢？君子说到礼，为什么是那么的尊重呢？"孔子说："我孔丘只是个小人物，还不配议论礼。"哀公说："不！先生还是说说吧！"

孔子于是说道："我听说人民生活所遵循的原则，以礼为最重要。没有礼，就不能恰当地事奉天地间的神明；没有礼，就无法分辨君臣、上下、长幼的地位；没有礼就不能区别男女、父子、兄弟之间的不同感情，以及婚姻、亲疏等人际交往关系。正因为如此，所以君子才对礼特别尊敬呀。然后君子就要尽自己的能力来教化民众，使他们不失时节地进行各种礼仪活动。有了成效之后，再雕刻祭器，制作服饰，来区别尊卑上下的等级。人民顺从之后，再制定服丧的期限，准备好祭祀用的器具和供品，修建宗庙，按时举行恭敬的祭祀，并借以排列宗族里长幼亲疏的次序。于是君子自己也安心地随民众一道居住，穿起俭朴的衣服，住进低小的房屋，车子上不雕饰花边，祭器上不刻镂图纹，饮食也很简单。以这种方式来和民众同甘共苦。从前君子实行礼教，就是这样的。"

哀公又问道："现在的君子，为什么不那样实行了呢？"孔子说："今天的君主喜好财富，贪得无厌，淫乐无度，懒惰傲慢，非把民众的财力耗尽不可。违背众人的心愿，侵害有道的人，只求满足自己的欲望而不择手段。从前君主是照我前面所说的那一套做的。而现在君主却是照刚才所说的这一套做的。如今的君主，没有肯实行礼教的了。"

孔子陪坐在哀公身旁。哀公说："请问人伦之道，什么最重要呢？"孔子马上露出严肃庄重的笑容说："您能问及这个问题，那便是百姓有福了。臣岂敢不认真回答呢？人伦之道，最重要的便是政治。"哀公问："请问什么是政治呢？"孔子回答说："所谓'政'，也就是'正'。君主若能做到正，百姓就会服从你的统治了。国君的行为，便是百姓所效法的榜样；国君不做的事，百姓又怎么会去效法呢？"

哀公说："请问怎样施行政治呢？"孔子说："夫妻有分际，父子有恩情，君臣相敬重，这三者做得端正，那么其他一切事情也就都好办了。"哀公说："寡人虽不肖，愿领教如何做到这三点的方法，是否可以呢？"孔子说："古人施行政治，首要的是做到爱人；要做到爱人，首要的是礼；要治礼，首先是要恭敬；恭敬的表现，首先在于大婚之礼。大婚之礼是极其重要的。大婚到来的时候，君主要穿上礼服亲自去迎接，是要表示对于对方的亲爱。向对方表示亲爱，也是希望得到对方的亲爱。所以君子以恭敬的态度迎亲；如果舍弃恭敬的态度，也就会失掉对方的亲爱。没有爱，关系就不亲密，不恭敬，行为就不端正。所以仁爱和恭敬，大概就是政治的根本吧！"

哀公说："我想问一句，像您说的这样，君主要穿了礼服亲自去迎亲，是否太隆重了？"孔子严肃地回答："两姓结为婚姻，为前代圣主传宗接代，成为天地宗庙社稷的主人，这么大的事，您怎么能说太隆重了呢？"哀公说："我太愚钝了，不愚钝，也不会来向您请教。我想提问，又找不到适当的词语，请您还是接着说吧！"孔子说："天地不配合，万物就不能生育。大婚，就是为千秋万世生育后代呀，您怎么能说太隆重了呢？"

孔子进一步说道："君主和夫人，在内，治理宗庙祭祀，功德足以和天地神明相配；出外，发布朝政命令，足以使上上下下都能恭敬听命。这样内外都有了礼，臣子有失职之事，可以纠正；国君有错误，可以复兴。所以说施行政治要以礼为先，礼是政治的根本。"孔子又说道："从前夏商周三代圣明天子执政的时候，都很尊重他们的妻和子，这是有道理的。所谓'妻'，是祭祀父母时的主妇，敢不尊敬吗？所谓'子'，是父母的后代，敢不尊敬吗？君子对一切都应该尊敬，而尤其以尊敬自己为重要。因为自己的身体是直接从父母这个根本上长出来的枝干，敢不尊敬吗？不能尊敬自己，也就是伤害了父母。伤害父母，就是伤害了根本。伤害了根本，枝干也就要跟着灭亡。自身和妻、子三者，也是百姓的象征。由自身要推想到百姓，由自己的儿子要推想到百姓的儿子，由自己的妻子，要推想到百姓的妻子。君子如能实行这三点，礼就会遍行于天下，过去周太王就是这样做的。能这样做，国家就安定了。"

哀公说："请问什么叫尊敬自身呢？"孔子答道："君子说错的话，民众也会模仿；君子做错的事，民众也会当做法则。君子如果能不说错话，不做错事，那么民众不须命令，就会恭敬服从了。这样就是尊敬自身。尊敬自身，实际上也是成就了父母。"哀公说："请问成就父母又怎么讲呢?"孔子答道:"所谓'君子',是人的美名。百姓如果能把美名送给他,称他为'君子之子',那么也就是使他的父母成为'君子'了,这就是成就了父母的美名。"孔子又接着说道:"古代的行政,以爱人最为重要。不能爱人,别人也就不会爱他,他就不能保住自身。不能保住自身,也就不能保住国土,不能保住国土,就要埋怨老天。埋怨老天,便不能成就自身了。"

哀公说:"请问什么叫成就自身呢?"孔子答道:"做任何事都没有过失,便是成就了自身。"哀公又说:"请问君子为什么要崇拜天道呢?"孔子答道:"这是崇拜它的永恒没有止境。比如日月东升西落永远不会停止,这就是天道。畅通无阻、天长地久,这就是天道。在无为之中生成了万物,这就是天道。天生成的一切又是那么明明白白,这也是天道。"哀公说:"我真是愚蠢顽固得很,还请先生多多指教。"孔子赶紧离开坐席严肃地回答道:"仁人做事没有过失,孝子做事没有过失。所以仁人事奉父母像事奉天一样,事奉天又像事奉父母一样,所以孝子能成就自己的名声。"哀公说:"我已经听了您这番高论,可是以后做事还是有过失,将怎么办呢?"孔子答道:"您能担心将来的过失,这就是我们臣下的福气了。"

中 庸

天命之谓性，率性①之谓道，修道之谓教。道也者，不可须臾离也，可离非道也。是故君子戒慎乎其所不睹，恐惧乎其所不闻。莫见乎隐，莫显乎微，故君子慎其独也。喜怒哀乐之未发，谓之中；发而皆中节，谓之和。中也者，天下之大本也；和也者，天下之达道也。致中和，天地位焉，万物育焉。

仲尼曰："君子中庸，小人反中庸。君子之中庸也，君子而时中；小人之中庸也，小人而无忌惮也。"

子曰："中庸其至矣乎！民鲜能久矣！"

子曰："道之不行也，我知之矣：知者过之，愚者不及也。道之不明也，我知之矣：贤者过之，不肖者不及也。人莫不饮食也，鲜能知味也。"

子曰："道其不行矣夫。"

子曰："舜其大知也与！舜好问而好察迩言，隐恶而扬善，执其两端，用其中于民，其斯以为舜乎！"

116

子曰："人皆曰'予知'，驱而纳诸罟攫陷阱之中，而莫之知辟也。人皆曰'予知'，择乎中庸而不能期月守也。"

子曰："回之为人也，择乎中庸，得一善，则拳拳服膺而弗失之矣。"

子曰："天下国家可均也，爵禄可辞也，白刃可蹈也，中庸不可能也。"

子路问强。子曰："南方之强与？北方之强与？抑而强与？宽柔以教，不报无道，南方之强也，君子居之。衽金革，死而不厌，北方之强也，而强者居之。故君子和而不流，强哉矫！中立而不倚，强哉矫！国有道，不变塞焉，强哉矫！国无道，至死不变，强哉矫！"

子曰："素隐行怪，后世有述焉，吾弗为之矣。君子遵道而行，半途而废，吾弗能已矣。君子依乎中庸，遁世不见知而不悔，唯圣者能之。君子之道费而隐。夫妇之愚，可以与知焉，及其至也，虽圣人亦有所不知焉。夫妇之不肖，可以能行焉，及其至也，虽圣人亦有所不知焉。天地之大也，人犹有所憾。故君子语大，天下莫能载焉；语小，天下莫能破焉。《诗》云：'鸢飞戾天，鱼跃于渊[②]。'言其上下察也。君子之道，造端乎夫妇，及其至也，察乎天地。"

子曰："道不远人。人之为道而远人，不可以为道。《诗》云：'伐柯伐柯，其则不远。'执柯以伐柯，睨而视之，犹以为远。故君子以人治人，改而止。忠恕违道不远，施诸己而不愿，亦勿施于人。君子之道四，丘未能一焉：所求乎子以事父，未能也；所求乎臣以事君，未能也；所求乎弟以事兄，未能也；所求乎朋友先施之，未能也。庸德之行，庸言之谨，有所不足，不敢不勉，有余不敢尽。言顾行，行顾言，君子胡不慥慥尔？"君子素其位而行，不愿乎其外。素富贵，行乎富贵；素贫贱，行乎贫贱；素夷狄，行乎夷狄；素患难，行乎患难。君子无入而不自得焉。在上位，不陵下；在下位，不援上。正己而不求于人，则无怨。上不怨天，下不尤人。故君子居易以俟命，小人行险以侥幸。"

子曰:"射有似乎君子,失诸正鹄,反求诸其身。君子之道,辟如行远必自迩,辟如登高必自卑。《诗》曰:'妻子好合,如鼓瑟琴。兄弟既翕,和乐且耽。宜尔室家,乐尔妻帑。'"子曰:"父母其顺矣乎!"

子曰:"鬼神之为德,其盛矣乎!视之而弗见,听之而弗闻,体物而不可遗。使天下之人齐明盛服,以承祭祀,洋洋乎!如在其上,如在其左右。《诗》曰:'神之格思,不可度思!矧可射思。'夫微之显,诚之不可掩如此夫!"

子曰:"舜其大孝也与!德为圣人,尊为天子,富有四海之内。宗庙飨之,子孙保之。故大德必得其位,必得其禄,必得其名,必得其寿。故天之生物,必因其材而笃焉。故栽者培之,倾者覆之。《诗》曰:'嘉乐君子,宪宪令德。宜民宜人,受禄于天。保佑命之,自天申之。'故大德者必受命。"

子曰:"无忧者其惟文王乎!以王季为父,以武王为子;父作之,子述之。武王缵大王、王季、文王之绪,壹戎衣而有天下。身不失天下之显名,尊为天子,富有四海之内,宗庙飨之,子孙保之。武王末受命,周公成文、武之德,追王大王、王季,上祀先公以天子之礼。斯礼也,达乎诸侯大夫,及士庶人。父为大夫,子为士,葬以大夫,祭以士。父为士,子为大夫,葬以士,祭以大夫。期之丧,达乎大夫。三年之丧,达乎天子。父母之丧,无贵贱一也。"

子曰:"武王、周公,其达孝矣乎③!夫孝者;善继人之志,善述人之事者也。春秋修其祖庙,陈其宗器,设其裳衣,荐其时食。宗庙之礼,所以序昭穆也;序爵,所以辨贵贱也;序事,所以辨贤也;旅酬下为上,所以逮贱也;燕毛,所以序齿也。践其位,行其礼,奏其乐,敬其所尊,爱其所亲,事死如事生,事亡如事存,孝之至也。郊社之礼,所以事上帝也。宗庙之礼,所以祀乎其先也。明乎郊社之礼、禘尝之义,治国其如示诸掌乎!"

哀公问政。子曰:"文武之政,布在方策。其人存,则其政举;其人亡,则其政息。人道敏政,地道敏树。夫政也者,蒲卢也。故为政在人，取人以身，修身以道，修道以仁。仁者，人也，亲亲为大；义者，宜也，尊贤为大。亲亲之杀，尊贤之等，礼所生也。（在下位不获乎上，民不可得而治矣。）故君子不可以不修身。思修身，不可以不事亲；思事亲，不可以不知人；思知人，不可以不知天。"

"天下之达道五，所以行之者三。曰：君臣也，父子也，夫妇也，昆弟也，朋友之交也，五者天下之达道也。知，仁，勇，三者天下之达德也，所以行之者（一）也。或生而知之，或学而知之，或困而知之，及其知之一也。或安而行之，或利而行之，或勉强而行之，及其成功一也。"子曰："好学近乎知，力行近乎仁，知耻近乎勇。知斯三者，则知所以修身；知所以修身，则知所以治人；知所以治人，则知所以治天下国家矣。"

"凡为天下国家有九经，曰：修身也，尊贤也，亲亲也，敬大臣也，体群臣也，子庶民也，来百工也，柔远人也，怀诸侯也。修身则道立，尊贤则不惑，亲亲则诸父昆弟不怨，敬大臣则不眩，体群臣则士之报礼重，子庶民则百姓劝，来百工则财用足，柔远人则四方归之，怀诸侯则天下畏之。齐明盛服，非礼不动，所以修身也。去谗远色，贱货而贵德，所以劝贤也。尊其位，重其禄，同其好恶，所以劝亲亲也。官盛任使，所以劝大臣也。忠信重禄，所以劝士也。时使薄敛，所以劝百姓也。日省月试，既（廪）〔禀〕称事，所以劝百工也。送往迎来，嘉善而矜不能，所以柔远人也。继绝世，举废国，治乱持危，朝聘以时，厚往而薄来，所以怀诸侯也。凡为天下国家有九经，所以行之者一也。"

"凡事豫则立，不豫则废。言前定则不跲，事前定则不困，行前定则不疚，道前定则不穷。"

"在下位不获乎上，民不可得而治矣。获乎上有道：不信乎朋友，不获乎上矣。信乎朋友有道：不顺乎亲，不信乎朋友矣。顺乎亲有道：反诸身不诚，不顺乎亲矣；诚身有道：不明乎善，不诚乎身矣。诚者，天之道也；诚之者，人之道也。诚者不勉而中，不思而得，从容中道，圣人也。诚之者，择善而固执之者也。"

"博学之，审问之，慎思之，明辨之，笃行之。有弗学，学之弗能弗措也；有弗问，问之弗知弗措也；有弗思，思之弗得弗措也；有弗辨，辨之弗明弗措也。有弗行，行之弗笃弗措也。人一能之，己百之；人十能之，己千之。果能此道矣，虽愚必明，虽柔必强。"

"自诚明，谓之性；自明诚，谓之教。诚则明矣，明则诚矣。唯天下至诚，为能尽其性；能尽其性，则能尽人之性；能尽人之性，则能尽物之性；能尽物之性，则可以赞天地之化育；可以赞天地之化育，则可以与天地参矣。"

"其次致曲，曲能有诚，诚则形，形则著，著则明，明则动，动则变，变则化。唯天下至诚为能化。"

"至诚之道，可以前知。国家将兴，必有祯祥；国家将亡，必有妖孽。见乎蓍龟，动乎四体。祸福将至：善，必先知之；不善，必先知之。故至诚如神。"

"诚者自成也，而道自道也。诚者物之终始，不诚无物。是故君子诚之为贵。诚者，非自成己而已也，所以成物也。成己，仁也；成物，知也。性之德也，合外内之道也，故时措之宜也。

"故至诚无息。不息则久，久则（征）〔彻〕，（征）〔彻〕则悠远，悠远则博厚，博厚则高明。博厚，所以载物也；高明，所以覆物也；悠久，所以成物也。博厚配地，高明配天，悠久无疆。如此者，不见而章，不动而变，无为而成。天地之道，可一言而尽也：其为物不贰，则其生物不测。天地之道：博也，厚也，高也，明也，悠也，久也。"

"今夫天，斯昭昭之多，及其无穷也，日月星辰系焉，万物覆焉。今夫地，一撮土之多，及其广厚，载华岳而不重，振河海而不泄，万物载焉。今夫山，一卷石之多，及其广大，草木生之，禽兽居之，宝藏兴焉。今夫水，一勺之多，及其不测，鼋鼍蛟龙鱼鳖生焉，货财殖焉。《诗》曰：'维天之命，於穆不已！'盖曰天之所以为天也。'於乎不显，文王之德之纯！'盖曰文王之所以为文也，纯亦不已。"

"大哉圣人之道！洋洋乎！发育万物，峻极于天。优优大哉！礼仪三百，威仪三千，待其人然后行。故曰：苟不至德，至道不凝焉。故君子尊德性而道问学，致广大而尽精微，极高明而道中庸。温故而知新，敦厚以崇礼。是故居上不骄，为下不倍。国有道其言足以兴，国无道其默足以容。《诗》曰：'既明且哲，以保其身。'其此之谓与？"

子曰："愚而好自用，贱而好自专，生乎今之世，反古之道。如此者，灾及其身者也。"非天子，不议礼，不制度，不考文。今天下车同轨，书同文，行同伦。虽有其位，苟无其德，不敢作礼乐焉；虽有其德，苟无其位，亦不敢作礼乐焉。

子曰："吾说夏礼，杞不足征也；吾学殷礼，有宋存焉；吾学周礼，今用之，吾从周。"

"王天下有三重焉，其寡过矣乎！上焉者，虽善无征，无征不信，不信民弗从。下焉者，虽善不尊，不尊不信，不信民弗从。故君子之道，本诸身，征诸庶民，考诸三王而不缪，（建）〔达〕诸天地而不悖，质诸鬼神而无疑，百世以俟圣人而不惑。质诸鬼神而无疑，知天也；百世以俟圣人而不惑，知人也。是故君子动而世为天下道，行而世为天下法，言而世为天下则。远之则有望，近之则不厌。《诗》曰：'在彼无恶，在此无射。庶几夙夜，以永终誉。'君子未有不如此而蚤有誉于天下者也。"

仲尼祖述尧、舜，宪章文、武，上律天时，下袭水土。辟如天地之无不持载，无不覆帱，辟如四时之错行，如日月之代明。万物并育而不相害，道并行而不相悖。小德川流，大德敦化。此天地之所以为大也！

唯天下至圣，为能聪明睿知，足以有临也；宽裕温柔，足以有容也；发强刚毅，足以有执也；齐庄中正，足以有敬也；文理密察，足以有别也。溥博渊泉，而时出之。溥博如天，渊泉如渊。见而民莫不敬，言而民莫不信，行而民莫不说。是以声名洋溢乎中国，施及蛮貊。舟车所至，人力所通，天之所覆，地之所载，日月所照，霜露所队，凡有血气者，莫不尊亲，故曰配天。

唯天下至诚，为能经纶天下之大经，立天下之大本，知天地之化育。夫焉有所倚？肫肫其仁！渊渊其渊！浩浩其天！苟不固聪明圣知达天德者，其孰能知之？

《诗》曰"衣锦尚絅"。恶其文之著也。故君子之道，暗然而日章；小人之道，的然而日亡。君子之道，淡而不厌，简而文，温而理，知远之近，知风之自，知微之显，可与入德矣。《诗》云："潜虽伏矣，亦孔之昭！"故君子内省不疚，无恶于志。君子之所不可及者，其唯人之所不见乎！《诗》云："相在尔室，尚不愧于屋漏。"故君子不动而敬，不言而信。《诗》曰："奏假无言，时靡有争。"是故君子不赏而民劝，不怒而民威于鈇钺。《诗》曰："不显惟德，百辟其刑之。"是故君子笃恭而天下平。《诗》云："予怀明德，不大声以色。"子曰："声色之于以化民，末也。"《诗》曰"德輶如毛"。毛犹有伦。"上天之载，无声无臭"。至矣！

注释

①率性：即遵从自己的本性、天性（来做事）的态度。

②鸢飞戾天，鱼跃于渊：引于《诗经》，译为老鹰展翅飞上蓝天，鱼儿摇尾跃在深渊。

③武王：周武王姬发；周公：周公旦，姬旦。

译文

人的自然禀赋叫做"性"，顺着本性行事叫做"道"，按照"道"的原则修养叫做"教"。

"道"是不可以片刻离开的，如果可以离开，那就不是"道"了。所以，品德高尚的人在没有人看见的地方也是谨慎的，在没有人听见的地方也是有所戒惧的。越是隐蔽的地方越是明显，越是细微的地方越是显著。所以，品德高尚的人在一人独处的时候也是谨慎的。喜怒哀乐没有表现出来的时候，叫做"中"；表现出来以后符合节度，叫做"和"。"中"，是人人都有的本性；"和"，是大家遵循的原则，达到"中和"的境界，天地便各在其位了，万物便生长繁育了。

仲尼说："君子中庸，小人违背中庸。君子之所以中庸，是因为君子随时做到适中，无过无不及；小人之所以违背中庸，是因为小人肆无忌惮，专走极端。"

孔子说："中庸大概是最高的德行了吧！大家缺乏它已经很久了！"

孔子说："中庸之道不能实行的原因，我知道了：聪明的人自以为是，认识过了头；愚蠢的人智力不及，不能理解它。中庸之道不能弘扬的原因，我知道了：贤能的人做得太过分；不贤的人根本做不到。就像人们每天都要吃喝，但却很少有人能够真正品尝滋味。"

孔子说："舜可真是具有大智慧的人啊！他喜欢向人问问题，又善于分析别人话语里的含义。隐藏人家的坏处，宣扬人家的好处。过与不及两端的意见他都掌握，采纳适中的用于老百姓。这就是舜之所以为舜的地方吧！"

孔子说："人人都说自己聪明，可是被驱赶到罗网陷阱中去却不知躲避。人人都说自己聪明，可是选择了中庸之道却连一个月时间也不能坚持。"

孔子说："颜回就是这样一个人，他选择了中庸之道，得到了它的好处，就牢牢地把它放在心上，再也不让它失去。"

孔子说："天下国家可以治理，官爵俸禄可以放弃，雪白的刀刃可以践踏而过，中庸却不容

中
庸

易做到。"子路问什么是强。孔子说:"南方的强呢? 北方的强呢? 还是你认为的强呢? 用宽容柔和的精神去教育人,人家对我蛮横无礼也不报复,这是南方的强,品德高尚的人具有这种强。用兵器甲盾当枕席,死而后已,这是北方的强,勇武好斗的人就具有这种强。所以,品德高尚的人和顺而不随波逐流,这才是真强啊! 保持中立而不偏不倚,这才是真强啊! 国家政治清平时不改变志向,这才是真强啊! 国家政治黑暗时坚持操守,宁死不变,这才是真强啊!"

孔子说:"寻找隐僻的歪歪道理,做些怪诞的事情来欺世盗名,后世也许会有人来记述他,为他立传,但我是绝不会这样做的。有些品德不错的人按照中庸之道去做,但是半途而废,不能坚持下去,而我是绝不会停止的。真正的君子遵循中庸之道,即使一生默默无闻不被人知道也不后悔。这只有圣人才能做得到。"

君子的道广大而又精微。普通男女虽然愚昧,也可以知道君子的道;但它的最高深境界,即便是圣人也有弄不清楚的地方,普通男女虽然不贤明,也可以实行君子的道,但,它的最高深境界,即便是圣人也有做不到的地方。大地如此之大,但人们仍有不满足的地方。所以,君子说到"大",就大得连整个天下都载不下;君子说到"小",就小得连一点儿也分不开。《诗经》说:"鸢鸟飞向天空,鱼儿跳跃深水。"这是说上下分明。君子的道,开始于普通男女,但它的最高深境界却昭著于整个天地。

孔子说:"道并不排斥人。如果有人实行道却排斥他人,那就不可以实行道了。"

《诗经》说:'砍削斧柄,砍削斧柄,斧柄的式样就在眼前。'握着斧柄砍削斧柄,应该说不会有什么差异,但如果你斜眼一看,还是会发现差异很大。所以,君子总是根据不同人的情况采取不同的办法治理,只要他能改正错误实行道就行。"

"一个人做到忠恕,离道也就差不远了。什么叫忠恕呢? 自己不愿意的事,也不要施加给别人。"

　　"君子的道有四项，我孔丘连其中的一项也没有能够做到：作为一个儿子应该对父亲做到的，我没有能够做到；作为一个臣民应该时君王做到的，我没有能够做到；作为一个弟弟应该对哥哥做到的，我没有能够做到；作为一个朋友应该先做到的，我没有能够做到。平常的德行努力实践，平常的言谈尽量谨慎。德行的实践有不足的地方，不敢不勉励自己努力；言谈却不敢放肆而无所顾忌。说话符合自己的行为，行为符合自己说过的话，这样的君子怎么会不忠厚诚实呢？"

　　君子安于现在所处的地位去做应做的事，不生非分之想。

　　处于富贵的地位，就做富贵人应做的事；处于贫贱的状况，就做贫贱人应做的事；处于边远地区，就做在边远地区应做的事；处于患难之中，就做在患难之中应做的事。君子无论处于什么情况下都是安然自得的。

　　处于上位，不欺侮在下位的人；处于下位，不攀援在上位的人。端正自己而不苛求别人，这样就不会有什么抱怨了。上不抱怨天，下不抱怨人。

　　所以，君子安居现状来等待天命，小人却铤而走险妄图获得非分的东西。孔子说："君子立身处世就像射箭一样，射不中，不怪靶子不正，只怪自己箭术不行。"

　　君子实行中庸之道，就像走远路一样，必定要从近处开始；就像登高山一样，必定要从低处起步。《诗经》说："妻子儿女感情和睦，就像弹琴鼓瑟一样。兄弟关系融洽，和顺又快乐。使你的家庭美满，保你的妻儿幸福。"孔子赞叹说："这样，父母也就称心如意了啊！"

　　孔子说："鬼神的德行可真是大得很啊！看它也看不见，听它也听不到，但它却体现在万物之中使人无法离开它。天下的人都斋戒净心，穿着庄重整齐的服装去祭祀它，无所不在啊！好像就在你的头上，好像就在你左右。《诗经》说：'神的降临，不可揣测，怎么能够怠慢不敬呢？从隐微到显著，真实的东西就是这样不可掩盖！'"

　　孔子说："舜该是个最孝顺的人了吧？德行方面是圣人，地位上是尊贵的天子，财富拥有整个天下，宗庙里祭祀他，子子孙孙都保持他的功业。所以，有大德的人必定得到他应得的地位，必定得到他应得的财富，必定得到他应得的名声，必定得到他应得的长寿。所以，上天生养万物，必定根据它们的资质而厚待它们。能成材的得到培育，不能成材的就遭到淘汰。《诗经》说：'高尚优雅的君子，有光明美好的德行，让人民安居乐业，享受上天赐予的福禄。上天保佑他，任用他，给他以重大的使命。'所以，有大德的人必定会承受天命。"

鲁哀公询问政事。孔子说："周文王、周武王的政事都记载在典籍上。他们在世，这些政事就实施；他们去世，这些政事也就废弛了。治理人的途径是勤于政事；治理地的途径是多种树木。说起来，政事就像芦苇一样，完全取决于用什么人。要得到适用的人在于修养自己，修养自己在于遵循大道，遵循大道要从仁义做起。仁就是爱人，亲爱亲族是最大的仁。义就是事事做得适宜，尊重贤人是最大的义。至于说亲爱亲族要分亲疏，尊重贤人要有等级，这都是礼的要求。所以，君子不能不修养自己。要修养自己，不能不侍奉亲族；要侍奉亲族，不能不了解他人；要了解他人，不能不知道天理。"

天下人共有的伦常关系有五项，用来处理这五项伦常关系的德行有三种。君臣、父子、夫妇、兄弟、朋友之间的交往，这五项是天下人共有的伦常关系；智、仁、勇，这三种是用来处理这五项伦常关系的德行。至于这三种德行的实施，道理都是一样的。比如说，有的人生来就知道它们，有的人通过学习才知道它们，有的人要遇到困难后才知道它们，但只要他们最终都知道了，也就是一样的了。又比如说，有的人自觉自愿地去实行它们，有的人为了某种好处才去实行它们，有的人勉勉强强地去实行，但只要他们最终都实行起来了，也就是一样的了。孔子说："喜欢学习就接近了智，努力实行就接近了仁，知道羞耻就接近了勇。知道这三点，就知道怎样修养自己，知道怎样修养自己，就知道怎样管理他人，知道怎样管理他人，就知道怎样治理天下和国家了。"

治理天下和国家有九条原则。那就是：修养自身，尊崇贤人，亲爱亲族，敬重大臣，体恤群臣，爱民如子，招纳工匠，优待远客，安抚诸侯。修养自身就能确立正道；尊崇贤人就不会思想困惑；亲爱亲族就不会惹得叔伯兄弟怨恨；敬重大臣就不会遇事无措；体恤群臣，士人们就会竭力报效；爱民如子，老百姓就会忠心耿耿；招纳工匠，财物就会充足；优待远客，四方百姓就会归顺；安抚诸侯，天下的人都会敬畏了。像斋戒那样净心虔诚，穿着庄重整齐的服装，不符合礼仪的事坚决不做，这是为了修养自身；驱除小人，疏远女色，看轻财物而重视德行，这是为了尊崇贤人；提高亲族的地位，给他们以丰厚的俸禄，与他们爱憎相一致，这是为了亲爱亲族；让众多的官员供他们使用，这是为了敬重大臣；真心诚意地任用他们，并给他们以较多的俸禄，这是为了体恤群臣；使用民役不误农时，少收赋税，这是为了爱民如子；经常视察考核，按劳付酬，这是为了招纳工匠；来时欢迎，去时欢送，嘉奖有才能的人，救济有困难的人，这是为了优待远客；延续绝后的家族，复兴灭亡的国家，治理祸乱，扶持危难，按时接受朝见，赠送丰厚，纳贡菲薄，这是为了安抚诸侯。总而言之，治理天下和国家有九条原则，但实行这些原则的道理都是一样的。

任何事情，事先有预备就会成功，没有预备就会失败。说话先有预备，就不会中断；做事先有预备，就不会受挫；行为先有预备，就不会后悔；道路预先选定，就不会走投无路。

在下位的人，如果得不到在上位的人信任，就不可能治理好平民百姓。得到在上位的人信任有办法：得不到朋友的信任就得不到在上位的人信任；得到朋友的信任有办法：不孝顺父母就得不到朋友的信任；孝顺父母有办法：自己不真诚就不能孝顺父母；使自己真诚有办法：不明白什么是善就不能够使自己真诚。

真诚是上天的原则，追求真诚是做人的原则。天生真诚的人，不用勉强就能做到，不用思考就能拥有，自然而然地符合上天的原则，这样的人是圣人。努力做到真诚，就要选择美好的目标执著追求：广

少年读礼记

泛学习，详细询问，周密思考，明确辨别，切实实行。要么不学，学了没有学会绝不罢休；要么不问，问了没有懂得绝不罢休；要么不想，想了没有想通绝不罢休；要么不分辩，分辩了没有明确绝不罢休；要么不实行，实行了没有成效绝不罢休。别人用一分努力就能做到的，我用一百分的努力去做；别人用十分的努力做到的，我用一千分的努力去做。如果真能够做到这样，虽然愚笨也一定可以聪明起来，虽然柔弱也一定可以刚强起来。

由真诚而自然明白道理，这叫做天性；由明白道理后做到真诚，这叫做人为的教育。真诚也就会自然明白道理，明白道理后也就会做到真诚。

只有天下极端真诚的人能充分发挥他的本性；能充分发挥他的本性，就能充分发挥众人的本性；能充分发挥众人的本性，就能充分发挥万物的本性；能充分发挥万物的本性，就可以帮助天地培育生命；能帮助大地培育生命，就可以与天地并列为三了。

比圣人次一等的贤人致力于某一方面，致力于某一方面也能做到真诚。做到了真诚就会表现出来，表现出来就会逐渐显著，显著了就会发扬光大，发扬光大就会感动他人，感动他人就会引起转变，引起转变就能化育万物。只有天下最真诚的人能化育万物。

极端真诚可以预知未来的事。国家将要兴旺，必然有吉祥的征兆；国家将要衰亡，必然有不祥的反常现象。呈现在蓍草龟甲上，表现在手脚动作上。祸福将要来临时，是福可以预先知道，是祸也可以预先知道。所以极端真诚就像神灵一样微妙。

真诚是自我的完善，道是自我的引导。真诚是事物的发端和归宿，

128

没有真诚就没有了事物。因此君子以真诚为贵。不过,真诚并不是自我完善就够了,而是还要完善事物。自我完善是仁,完善事物是智。仁和智是出于本性的德行,是融合自身与外物的准则,所以任何时候施行都是适宜的。

所以,极端真诚是没有止息的。没有止息就会保持长久,保持长久就会显露出来,显露出来就会悠远,悠远就会广博深厚,广博深厚就会高大光明。广博深厚的作用是承载万物;高大光明的作用是覆盖万物;悠远长久的作用是生成万物。广博深厚可以与地相比,高大光明可以与天相比,悠远长久则是永无止境。达到这样的境界,不显示也会明显,不活动也会改变,无所作为也会有所成就。

天地的法则,简直可以用一个"诚"字来囊括:诚本身专一不二,所以生育万物多得不可估量。大地的法则,就是广博、深厚、高大、光明、悠远、长久。今天我们所说的天,原本不过是由一点一点的光明聚积起来的,可等到它无边无际时,日月星辰都靠它维系,世界万物都靠它覆盖。今天我们所说的地,原本不过是由一撮土一撮土聚积起来的,可等到它广博深厚时,承载像华山那样的崇山峻岭也不觉得重,容纳那众多的江河湖海也不会泄漏,世界万物都由它承载了。今天我们所说的山,原本不过是由拳头大的石块聚积起来的,可等到它高大无比时,草木在上面生长,禽兽在上面居住,宝藏在上面储藏。今天我们所说的水,原本不过是一勺一勺聚积起来的,可等到它浩瀚无涯时,蛟龙鱼鳖等都在里面生长,珍珠珊瑚等值钱的东西都在里面繁殖。《诗经》说:"天命多么深远啊,永远无穷无尽!"这大概就是说的天之所以为天的原因吧。"多么显赫光明啊,文王的品德纯真无二!"这大概就是说的文王之所以被称为"文"王的原因吧,纯真也是没有止息的。

伟大啊,圣人的道浩瀚无边!生养万物,与天一样崇高;充足有余!礼仪三百条,威仪三千条,这些都有待于圣人来实行。所以说,如果没有极高的德行,就不能成功极高的道。因此,君子尊崇道德修养而追求知识学问，达到广博境界而又钻研精微之处，洞察一切而又奉行中庸之道；温习已有的知识从而获得新知识，诚心诚意地崇奉礼节。所以身居高位不骄傲，身居低位不自弃，国家政治清明时，他的言论足以振兴国家；国家政治黑暗时，他的沉默足以保全自己。《诗经》说："既明智又通达事理，可以保全自身。"大概就是说的这个意思吧！

孔子说："愚昧却喜欢自以为是，卑贱却喜欢独断专行；生于现在的时代却一心想回复到古时去。这样做，灾祸一定会降临到自己的身上。"

不是天子就不要议订礼仪，不要制订法度，不要考订文字规范。现在天下车子的轮距一致，文字的字体统一，伦理道德相同。虽有相应的地位，如果没有相应的德行，是不敢制作礼乐制度的；虽然有相应的德行，如果没有相应的地位，也是不敢制作礼乐制度的。

孔子说："我谈论夏朝的礼制，夏的后裔杞国已不足以验证它；我学习殷朝的礼制，殷的后裔宋国还残存着它。我学习周朝的礼制，现在还实行着它，所以我遵从周礼。"

治理天下能够做好议订礼仪，制订法度，考订文字规范这三件重要的事，也就没有什么大的过失了吧！在上位的人，虽然行为很好，但如果没有验证的活，就不能使人信服，不能使人信服，老百姓就不会听从。在下位的人，虽然行为很好，但由于没有尊贵的地位，也不能使人信服，不能使人信服，老百姓就不会听从。

所以君子治理天下应该以自身的德行为根本，并从老百姓那里得到验证。考查夏、商、周三代先王的做法而没有背谬，立于天地之间而没有悖乱，质询于鬼神而没有疑问，百世以后待到圣人出现也没有什么不理解的地方。质询于鬼神而没有疑问，这是知道天理；百世以后待到圣人出现也没有什么不理解的地方，这是知道人意。所以君子的举止能世世代代成为天下的先导，行为能世世代代成为天下的法度，语言能世世代代成为天下准则。在远处有威望，在近处也不使人厌恶。

《诗经》说:"在那里没有人憎恶,在这里没有人厌烦,日日夜夜操劳啊,为了保持美好的名望。"君子没有不这样做而能够早早在天下获得名望的。

孔子继承尧舜,以文王、武王为典范,上遵循天时,下符合地理。就像天地那样没有什么不承载,没有什么不覆盖;又好像四季的交错运行,日月的交替光明。万物一起生长而互不妨害,道路向时并行而互不冲突。小的德行如河水一样长流不息,大的德行使万物敦厚纯朴。这就是天地的伟大之处啊!

《诗经》说:"身穿锦绣衣服,外面罩件套衫。"这是为了避免锦衣花纹大显露,所以,君子的道深藏不露而日益彰明;个人的道显露无遗而日益消亡。君子的道,平淡而有意味,简略而有文采。温和而有条理,由近知远,由风知源,由微知显,这样,就可以进入道德的境界了。

《诗经》说:"潜藏虽然很深,但也会很明显的。"所以君子自我反省没有愧疚,没有恶念头存于心志之中。君子的德行之所以高于一般人,大概就是在这些不被人看见的地方吧!

《诗经》说:"看你独自在室内的时候,是不是能无愧于神明。"所以,君子就是在没做什么事的时候也是恭敬的,就是在没有对人说什么的时候也是信实的。

《诗经》说:"进奉诚心,感通神灵。肃穆无言,没有争执。"所以,君子不用赏赐,老百姓也会互相劝勉;不用发怒,老百姓也会很畏惧。

《诗经》说:"弘扬那德行啊,诸侯们都来效法。"所以,君子笃实恭敬就能使天下太平。

《诗经》说:"我怀有光明的品德,不用厉声厉色。"孔子说:"用厉声厉色去教育老百姓,是最拙劣的行为。"

《诗经》说:"德行轻如毫毛。"轻如毫毛还是有物可比拟。"上天所承载的,既没有声音也没有气味。"这才是最高的境界啊!

冠义

凡人之所以为人者,礼义也。礼义之始,在于正容体、齐颜色、顺辞令[1]。容体正,颜色齐,辞令顺,而后礼义备。以正君臣、亲父子、和长幼。君臣正,父子亲,长幼和,而后礼义立。故冠而后服备,服备而后容体正、颜色齐、辞令顺[2]。故曰:冠者,礼之始也。是故古者圣王重冠。

古者冠礼筮日、筮宾,所以敬冠事。敬冠事所以重礼,重礼所以为国本也。故冠于阼,以著代也。醮于客位,三加弥尊,加有成也。已冠而字之,成人之道也。见于母,母拜之,见于兄弟,兄弟拜之。成人而与为礼也。玄冠、玄端,奠挚于君,遂以挚见于乡大夫、乡先生,以成人见也。成人之者,将责成人礼焉也。责成人礼焉者,将责为人子、为人弟、为人臣、为人少者之礼行焉。将责四者之行于人,其礼可不重与?

故孝弟忠顺之行立,而后可以为人,可以为人,而后可以治人也。故圣王重礼。故曰:"冠者,礼之始也,嘉事之重者也。"是故古者重冠,重冠故行之于庙。行之于庙者,所以尊重事。尊重事,而不敢擅重事;不敢擅重事,所以自卑而尊先祖也。

注 释

①正容体三句：郑玄称此三句为"三始"。

②故冠而后服备二句：郑玄说："服未备，未可求以三始。"按：人在未冠之前，穿的是童子服装，即《仪礼》所说的"采衣"，并束发为髻。而在行过冠礼以后，就有了三套完整的成人服装，即爵弁服、皮弁服、玄端服（冠也包括在内）。

译 文

人之所以成为人，因为有礼义。礼义从哪里做起呢？在于端正仪容、表情严肃、说话和顺。仪容端正、表情严肃、说话和顺，然后才进一步要求具备礼义。这样，君臣的名分得以确立、使父子的关系亲密、使长辈和晚辈更加和睦。君臣之间的名分确立、父子间相亲相爱、长辈和晚辈和睦相处，然后礼义获得成立。古时到了二十岁行了冠礼，才备齐各种服饰。服饰完备了，然后要求仪容端正、表情严肃、说话和顺。所以说冠礼是礼的开始。因为这个缘故，古代圣王十分重视冠礼。

古代举行冠礼，选择日子和请谁来主持冠礼，都要由占筮来决定，这样做是因为冠礼是件十分严肃的事，严肃对待冠礼也是重视礼。重视礼，是治理国家的根本大事。

在阼阶上行冠礼，以此表示冠者将来要代替主人成为一家之长。冠者位于客位，主人向他敬酒，加冠三次，一次比一次尊贵，这是希望以后能取得成就。加冠时，再给他起一个字号，这对成年人来说是必不可少的。冠后去见母亲，母亲要答拜；与兄弟相见，兄弟也要答拜，因为他已成人，所以要对他行礼。穿着玄冠玄端的礼服去见国君，将见面礼摆在地上，表示不敢直接交给国君。接着带上见面礼去见卿大夫等长官及德高望重的老者，这是以成人的资格与他们相见。

一个人成为成年人，就用成年人的礼来要求他。用成年人的礼要求他，就是要求对父母要行儿子的礼，对兄弟要行兄弟的礼，对君上要行臣下的礼，对长辈要行晚辈的礼。要用以上四个方面的品行来要求他，冠礼能不重要吗？

　　一个人做到对父母孝、对兄弟友爱、对君主尽忠、对长辈顺从，才能真正称得上是个人。成为真正的人，然后可以教导和管理别人。因此圣王十分重视礼，所以说：冠礼是成人之礼的开始，是嘉礼中重要的一项。因为这个缘故，古人十分重视冠礼。因为重视冠礼，所以要在宗庙中举行。凡是在宗庙中举行的，都表示事情是很重要的。尊崇事情的重要，就不由己专任其事。不敢专任其事，所以自谦而尊敬祖先，要于祖庙中举行。

昏 义

昏礼者，将合二姓之好，上以事宗庙[1]，而下以继后世也，故君子重之。是以昏礼纳采、问名、纳吉、纳征、请期[2]，皆主人筵几于庙[3]，而拜迎于门外，入，揖让而升[4]，听命于庙，所以敬慎、重正昏礼也。

父亲醮子而命之迎，男先于女也。子承命以迎，主人筵几于庙，而拜迎于门外。婿执雁入，揖让，升堂，再拜，奠雁，盖亲受之于父母也。降，出，御妇车，而婿授绥，御轮三周，先俟于门外。妇至，婿揖妇以入。共牢而食，合卺而酳，所以合体、同尊卑，以亲之也。敬慎重正而后亲之，礼之大体而所以成男女之别，而立夫妇之义也。男女有别，而后夫妇有义；夫妇有义，而后父子有亲；父子有亲，而后君臣有正。故曰："昏礼者，礼之本也。"

夫礼，始于冠，本于昏，重于丧祭，尊于朝聘，和于乡射，此礼之大体也。

夙兴，妇沐浴以俟见。质明，赞见妇于舅姑，妇执笲——枣、栗、段脩以见。赞醴妇，妇祭脯醢，祭醴，成妇礼也。舅姑入室，妇以特豚馈，明妇顺也。厥明，舅姑共飨妇以一献之礼，奠酬，舅姑先降自西阶，妇降自阼阶。以著代也。成妇礼，明妇顺，又申之以著代，所以重责妇顺焉。妇顺者，顺于舅姑，和于室人，而后当于夫，以成丝麻、布帛之事，以审守委积、盖藏。是故妇顺备而后内和理，内和理而后家可长久也，故圣王重之。

是以古者妇人先嫁三月，祖庙未毁，教于公宫；祖庙既毁，教于宗室。教以妇德、妇言、妇容、妇功。教成，祭之，牲用鱼，芼之以苹、藻，所以成妇顺也。

古者天子，后立六宫、三夫人、九嫔、二十七世妇、八十一御妻，以听天下之内治，以明章妇顺，故天下内和而家理。天子立六官、三公、九卿、二十七大夫、八十一元士，以听天下之外治，以明章天下之男教，故外和而国治。故曰："天子听男教，后听女顺；天子理阳道，后治阴德；天子听外治，后听内职。教顺成俗，外内和顺，国家理治，此之谓盛德。"

是故男教不修，阳事不得，適见于天，日为之食；妇顺不修，阴事不得，适见于天，月为之食。是故日食则天子素服而修六官之职，荡天下之阳事；月食则后素服而修六宫之职，荡天下之阴事。故天子之与后，犹日之与月，阴之与阳，相须而后成者也。

天子修男教，父道也；后修女顺，母道也。故曰："天子之与后，犹父之与母也。"故为天王服斩衰，服父之义也；为后服资衰，服母之义也。

注释

①事：此谓祭祀。《春秋》宣公八年："有事于大庙。"杜预注："有事，祭也。"

②纳采句：这是婚礼"六礼"中的前五礼。纳采：男方向女方送求婚礼品。纳，献纳。意谓行过纳聘之礼以后，婚事就算成了。这和后世的以迎娶之后才算成婚有所不同。聘财的种类、数量，据孔疏，

③筵几：铺设坐席和几案。筵可以坐，几可以凭依。这是为庙中的神准备的。庙：指祢庙，即父庙。

④揖让：作揖谦让。

译 文

婚礼的意义在于要结成两姓之好，对上以事奉宗庙，对下以继承后世，所以君子十分重视它。因此在婚礼纳采、问名、纳吉、纳征、请期的日子，女方的父母都要先在家庙中摆设几席，然后亲自出门拜迎男方的使者，入了庙门，双方揖让而登堂，在庙堂里听受使者转达男家的话，这一切都是为了使婚礼庄敬隆重。

父亲亲自给儿子行醮礼，吩咐他迎娶新妇。这是表示男的要先去迎娶，然后女的才跟随男的而来。儿子秉承父命去迎亲，女方的父母在家庙里设了几席，然后在门外拜迎女婿。新婿捧着鹅走进去，彼此揖让登堂，再拜置鹅在地上，因为这是奉了父母的命令。然后走下堂，出来把新妇的车驾好，并将车上的挽手绳交给新妇，然后驾着车子向前走，当车轮转了三圈时，就交给御者驾驶。自己的车先到家门外等着，新妇到了，新郎就对新妇作揖，请她进门。吃饭时，夫妇共用一牢，合饮一尊酒，这样做是为了表示夫妇二位一体，尊卑一样，彼此相亲相爱。

经过庄敬隆重的婚礼后，新婚夫妇才彼此相亲相爱，这是礼的大原则。同时，也是为了划分男女之间的界限，然后建立起夫妇之间正常的关系。有了男女之间的界限，才会有夫妇之间正常的关系；有了夫妇之间正常的关系；然后才会有父子亲爱；有了父子亲爱，然后君臣才能各安其位。所以说：婚礼是礼的根本。礼，是以冠礼为起点，以婚礼为根本，以丧祭为最隆重，以朝觐、聘问为最尊敬，以射、乡饮酒为最和睦了；这些是礼的大原则。

新妇清早起床，梳洗打扮好，等待进见公婆。到天明的时候，赞礼的妇人领着新妇去见公婆，新妇拿着竹篓，里面盛着枣、栗、干肉，去拜见公婆。赞礼的妇人代公婆酌甜酒赐新妇，新妇在席上祭肉酱、祭酒之后，便完成了做媳妇的礼节。公公婆婆回到寝室后，新妇向公婆献上一只蒸熟的小猪，以表明做媳妇的孝顺。第二天，公婆以"一献之礼"飨新妇，然后"奠酬"，礼毕。公婆先由西阶下去，新妇由阼阶下去，这样是表明新妇将接替婆婆做家庭主妇了。

完成了做媳妇的礼节，表明了媳妇的孝顺，又反复地表示她可以接替婆婆做家庭主妇，这样隆重地待她，是为了让她能履行做媳妇的孝顺。所谓媳妇的孝顺，就是指要顺从公婆的意愿；并与其他女眷和睦相处；然后履行对丈夫的义务：经理丝麻布帛的事，保管家中储备的财物。所以媳妇尽到了责任，然后家庭才能和谐安定；家庭和谐安定了，然后这个家才能长久不衰；所以圣王十分重视妇女的孝顺。

所以古代女子在出嫁前三个月，如果她还在五服之内，就在宗子庙里接受婚前教育；如已在五服之外别成支族，就在支子的庙里接受婚前教育；教她有关妇女贞顺的德性、言语的应对、打扮装饰及家务事等等。学成以后，要祭告祖先。祭时用鱼作俎，用苹、藻作羹汤。这都是为了完成女子柔顺的德性。

在古代，天子的后妃设立六官、三夫人、九嫔、二十七世妇、八十一御妻，以掌管天下家室，显示天下妇女柔顺的德性，所以内室和睦而家庭安定。天子设立六官、三公、九卿、二十七大夫、八十一元士，以掌管天下大事，显示天下臣民的政教，所以外部和谐而国家大治。因此说：天子掌管臣民的政教，后妃掌管妇女柔顺的德性；天子整理阳刚的大道，后妃治理阴柔的德性；天子掌管外部的治理，后妃掌管内部的职责。政教、柔顺形成了风俗，外部内部和顺，国与家都治理得十分有条理，这就叫做盛德。

因此，凡是政教不修治，违背了阳道，天上就会出现谴责的征兆，发生日蚀；凡是妇女柔顺的德性不修治，违背了阴道，天上也会出现谴责的征兆，发生月蚀。所以遇到日蚀，天子就穿纯白的衣服，而考核六官的职责，以清除整理天下的阳事；遇到月蚀，后妃就穿纯白的衣服，而考核六官的职责，以清除整理天下的阴事。所以天子与后妃，就像日与月，阳与阴，互相依靠才能存在。天子推行政教，就像父亲管教儿子；后妃推行女德，就像母亲教导女儿；所以说：天子与后妃，就好比父亲与母亲，因此如果天子死了，他的臣下为他服斩衰三年，这和为父亲服丧服同样的意思；如果后妃死了，臣下为她服齐缞，也和为母亲服丧服一样的意思。

射 义

古者诸侯之射也，必先行燕礼[1]。卿、大夫、士之射也，必先行乡饮酒之礼。故燕礼者，所以明君臣之义也；乡饮酒之礼者，所以明长幼之序也。

故射者，进退周还必中礼[2]。内志正，外体直，然后持弓矢审固；持弓矢审固，然后可以言中。此可以观德行矣。

其节：天子以《驺虞》为节，诸侯以《狸首》为节，卿、大夫以《采𬞟》为节，士以《采蘩》为节。《驺虞》者，乐官备也；《狸首》者，乐会时也；《采𬞟》者，乐循法也；《采蘩》者，乐不失职也。是故天子以备官为节，诸侯以时会天子为节，卿、大夫以循法为节，士以不失职为节。故明乎其节之志，以不失其事，则功成而德行立；德行立，则无暴乱之祸矣。功成则国安，故曰：射者，所以观盛德也。

是故古者天子以射选诸侯、卿、大夫、士。射者，男子之事也，因而饰之以礼乐也。故事之尽礼乐而可数为以立德行者，莫若射，故圣王务焉。

是故古者天子之制：诸侯岁献，贡士于天子，天子试之于射宫。其容体比于礼，其节比于乐，而中多者，得与于祭。其容体不比于礼，其节不比于乐，而中少者，不得与于祭。数与于祭而君有庆，数不与于祭而君有让。数有庆而益地，数有让而削地。故曰：射者，射为诸

140

侯也。是以诸侯君臣尽志于射，以习礼乐。夫君臣习礼乐而以流亡者，未之有也。故《诗》曰："曾孙侯氏，四正具举。大夫君子，凡以庶士，小大莫处，御于君所。以燕以射，则燕则誉。"言君臣相与尽志于射，以习礼乐，则安则誉也。是以天子制之，而诸侯务焉。此天子之所以养诸侯而兵不用，诸侯自为正之具也。

孔子射于矍相之圃，盖观者如堵墙。射至于司马，使子路执弓矢出延射，曰："贲军之将，亡国之大夫，与为人后者，不入。其馀皆入。"盖去者半，入者半。又使公罔之裘、序点扬觯而语。公罔之裘扬觯而语曰："幼壮孝弟、耆耋好礼、不从流俗、修身以俟死者不？——在此位也！"盖去者半，处者半。序点又扬觯而语曰："好学不倦、好礼不变、旄期称道不乱者不？——在此位也！"盖仅有存者。

射之为言者，绎也，或曰舍也。绎者，各绎己之志也。故心平体正，持弓矢审固；持弓矢审固，则射中矣。故曰：为人父者，以为父鹄；为人子者，以为子鹄；为人君者，以为君鹄；为人臣者，以为臣鹄。故射者各射己之鹄。故天子之大射，谓之"射侯"。射侯者，射为诸侯。射中则得为诸侯，射不中则不得为诸侯。

天子将祭，必先习射于泽。泽者，所以择士也。已射于泽，而后射于射宫。射中者得与于祭，不中者不得与于祭。不得与于祭者有让，削以地。得与于祭者有庆，益以地。进爵绌地是也。

故男子生，桑弧蓬矢六，以射天地四方。天地四方者，男子之所有事也。故必先有志于其所有事，然后敢用谷也，饭食之谓也。

射者，仁之道也。射求正诸己，己正而后发；发而不中，则不怨胜己者，反求诸己而已矣。孔子曰："君子无所争，必也射乎？揖让而升，下而饮。其争也君子。"

孔子曰："射者何以射？何以听？循声而发，发而不失正鹄者，其唯贤者乎！若夫不肖之人，则彼将安能以中？"《诗》云："发彼有的，以祈尔爵。"祈，求也。求中以辞爵也。酒者，所以养老也，所以养病也。求中以辞爵者，辞养也。

①燕礼：诸侯为了慰劳臣子而举行的一种饮酒礼。举行燕礼时，主人并不是国君，而是宰夫（太宰的属官，掌为宾客进献饮食）。之所以以宰夫为主人，是因为君尊，怕臣子不敢与之抗礼，所以让宰夫代行主人之事。尽管如此，臣子仍以敬事国君之礼来敬事宰夫。

②周还：周旋。

译文

古代诸侯举行射礼，一定先举行燕礼；卿、大夫、士举行乡射礼，一定先举行乡饮酒礼。燕礼这一礼节，是用来明确君臣之间的名分的；乡饮酒这一礼节，是用来明确长幼次序的。

射箭的人，前进、后退、转身一定要合乎礼仪的要求。思想纯正，身体挺直，然后拿起弓矢，目光专注箭靶。拿起弓矢，目光专注箭靶，然后才能谈到射中。这样在射箭过程中就可以观察到人的道德品性了。

射箭时的音乐节拍：天子射时，用《驺虞》为节拍，诸侯射时，用《狸首》为节拍，卿大夫射时，用《采蘋》为节拍，士射时，用《采蘩》作为节拍。《驺虞》歌颂百官齐备；《狸首》歌颂诸侯按时朝见天子；《采蘋》歌颂遵循法度；《采蘩》歌颂不荒废本职工作。所以天子用齐备百官的歌曲为节拍，诸侯用按时朝会天子的歌曲为节拍，卿大夫用遵循法度的歌曲为节拍，士用不荒废本职工作的歌曲为节拍。

明确各自伴射歌曲的思想意义，从而不荒废各自的职事，这样就能达到成就功业和确立好的品德行为。各种人都确立好的品德行为，就不会有暴虐作乱的种种灾祸发生，成就功业就可以使国家安定。所以说：举行射礼，可以用来观察美好的德行。

因此，古代天子利用射箭来考察诸侯、卿、大夫、士的德行。射

少年读礼记

箭这件事，是每一个男子都应该从事的，并用乐曲来配合修饰它。能
与礼乐相配合，又可以不断反复地进行，从而确立好的品德行为的，
没有比射箭更好的了。所以，圣明的君主一定致力于射这件事。

因此，古代天子规定：诸侯每年要向天子报告和进奉祭祀物品，
还向天子推荐人才，天子在射宫对他们进行考核。如果仪态合乎礼仪，
发射的快慢合于乐曲的节拍，射中的次数又多的人，获得参加祭祀的
资格；如果仪态不合乎礼仪，发射的快慢不合于乐曲的节拍，而中靶
的次数又少的人，不能参加祭祀。推荐的士，多次参加祭祀的，君主
就获得褒奖；推荐的士，多次不能参加祭祀的，君主要受到责罚。多
次受到褒奖的就增加封地，多次受到责罚的就削减封地。所以说：射
箭这件事，它是有关诸侯的赏罚。因为如此，所以诸侯君臣们尽心于
习射，藉以练习熟悉礼仪和乐曲。国君大臣都能很好地学习礼乐，却
因此遭到放逐灭国的，从来没有过。

所以《诗》说："天子的宗室诸侯，当燕礼向宾、公、卿、大夫们
举杯献酒完毕后，大夫们和品德高尚的君子们、众士们，无论职位高
低都不要留滞于各自的官衙内，都到君主处侍favo；来参加燕礼又参加
射礼，既获得安乐又获得声誉。"诗意是说君臣共同在一起专心于射，
藉以练习礼乐，既安乐又有声誉。因为如此，所以天子制定射礼，诸
侯全力从事于射礼。这就是天子不通过武力来治理诸侯，诸侯纠正自
己行为的办法啊！

孔子演习射礼在矍相的场上，观看的人挤得像一堵墙。乡饮酒礼
毕，司正改称司马行射礼时，孔子让子路拿着弓矢出来延请射箭的人
说："打败仗的将军，使国君亡国的大夫，贪图财产认人作父的不要进
入，其余都进入。"离去的大概有一半人，进入的有一半人。孔子又让
公罔之裘、序点举起酒杯对大众讲话，公罔之裘举杯说："二三十岁时
能做到孝顺父母敬爱兄弟，六七十岁时能爱好礼仪，不随波逐流，修
养品德到老，有这样的人吗？如果有，请站到射位上。"离去的大约有
一半，留下的有一半。序点又举杯说："爱好学习永不懈怠，爱好礼仪

矢志不变，八十九十乃至百岁，称
颂正道不受悖乱的影响，有这样的
人吗？如果有，请站到射位上。"
这样很少有人留下来的了。

射的意义，是抒发的意思；又
说是舍处的意思。抒发的意思，指
抒发各人的志向。思想纯正、身体
端正，拿起弓矢，视力集中，瞄得
很准，就能射中箭靶。所以说：做
父亲的，在射箭时把射中箭靶当做
做好父亲的目标；做儿子的，把射
中箭靶当做做一个好儿子的目标；
做国君的，把射中箭靶当做做好一
个国君的目标；做臣下的，把射中
箭靶当做做好臣下的目标。射箭的人身份不同，各人都把射中作为符
合各种身份的目标。天子举行大射之礼称作"射侯"。"射侯"的意思，
是说射箭的目的是做诸侯，射中靶心符合做诸侯，射不中靶心就不够
诸侯的条件。

天子将要举行祭祀，必定先演习射箭在泽宫。泽字的意思，是说
利用射箭在诸侯推荐的士中选择助祭的人。在泽宫演习完毕后，然后
又到射宫演习射箭。射中的人获得参与祭祀，没有射中的人不能参与
祭祀。不能参加祭祀的要受到责罚，削减推举诸侯的封地。获得参加
祭祀的人受到奖励，增加荐举诸侯的封地。提升爵位、减损封地都根
据射箭。

生了男孩子后，一定在门口挂着桑木的弓和六根用蓬草做的箭，
用来向上下及东南西北四方发射。天地四方之事，是男子应从事的事。
所以一定先立这个志，然后才敢享用谷物。犹言得先做事，然后才有
饭吃。

　　射箭这件事，包涵"仁"的道理。射先要求自己思想纯正、身体端正，自己做到思想纯正和身体端正，然后才发射。发射，没有射中，不埋怨胜过自己的人，回过头来在自身找原因罢了。孔子说："品德高尚的君子是不与人争胜的；如有所争，一定是射箭吧！揖拜谦让升堂，射后，下堂再共同饮酒，这是君子的争胜。"

　　孔子说："射箭的人射箭的目标是什么？耳朵注意听什么？按照音乐的节拍发射，射出后又正中靶的中心，只有贤德的人才能做到啊！至于不贤之辈，他们如何能射中目标呢？"《诗》说："射箭希望射中靶心，以免喝你的罚酒。"祈，是求的意思，希望射中，求得免喝罚酒。酒是用来养老的，或用来养病的。希望射中以免喝酒，这是推辞别人的奉养啊。

聘 义

聘礼，上公七介[1]，侯伯五介，子男三介，所以明贵贱也。

介绍而传命，君子于其所尊弗敢质，敬之至也。

三让而后传命，三让而后入庙门，三揖而后至阶，三让而后升，所以致尊让也。

君使士迎于竟，大夫郊劳。君亲拜迎于大门之内而庙受，北面拜贶，拜君命之辱，所以致敬也。

敬让也者，君子之所以相接也。故诸侯相接以敬让，则不相侵陵。

卿为上摈，大夫为承摈，士为绍摈。君亲礼宾，宾私面、私觌、致饔饩、还圭璋、贿赠、飨食燕[2]，所以明宾客君臣之义也。

故天子制诸侯，比年小聘，三年大聘，相厉以礼。使者聘而误，主君弗亲飨食也，所以愧厉之也。诸侯相厉以礼，则外不相侵，内不相陵。此天子之所以养诸侯，兵不用而诸侯自为正之具也。

以圭璋聘，重礼也；已聘而还圭璋，此轻财而重礼之义也。诸侯相厉以轻财重礼，则民作让矣。

主国待客，出入三积。饩客于舍，五牢之具陈于内，米三十车，禾三十车，刍薪倍禾，皆陈于外，乘禽日五双[3]，群介皆有饩牢，壹食再飨，燕与时赐无数，所以厚重礼也。古之用财者，不能均如此，然而用财如此其厚者，言尽之于礼也。尽之于礼，则内君臣不相陵，而外不相侵。故天子制之，而诸侯务焉尔。

聘射之礼，至大礼也。质明而始行事，日几中而后礼成，非强有力者弗能行也。故强有力者，将以行礼也。酒清，人渴而不敢饮也；肉干，人饥而不敢食也；日莫人倦、齐庄正齐，而不敢解惰，以成礼节，以正君臣，以亲父子，以和长幼。此众人之所难，而君子行之，故谓之有行。有行之谓有义，有义之谓勇敢。故所贵于勇敢者，贵其能以立义也；所贵于立义者，贵其有行也；所贵于有行者，贵其行礼也。故所贵于勇敢者，贵其敢行礼义也。故勇敢强有力者，天下无事则用之于礼义，天下有事则用之于战胜。用之于战胜则无敌，用之于礼义则顺治。外无敌，内顺治，此之谓盛德。故圣王之贵勇敢强有力如此也。勇敢强有力而不用之于礼义、战胜，而用之于争斗，则谓之乱人。刑罚行于国，所诛者乱人也。如此，则民顺治而国安也。

子贡问于孔子曰："敢问君子贵玉而贱珉者何也？为玉之寡而珉之多与？"

孔子曰："非为珉之多，故贱之也；玉之寡，故贵之也；夫昔者，君子比德于玉焉。温润而泽，仁也；缜密以栗，知也；廉而不刿，义也；垂之如队，礼也；叩之其声清越以长，其终诎然，乐也；瑕不掩瑜，瑜不掩瑕，忠也；孚尹旁达，信也；气如白虹，天也；精神见于山川，地也；圭璋特达，德也；天下莫不贵者，道也。《诗》云：'言念君子，温其如玉。'故君子贵之也。"

注 释

①介：聘宾的随从。聘宾是正使，介可以说是副使。但介有多人，其身份不一，有的是大夫身份，有的是士的身份。

②飨：飨礼。牲酒皆有叫做飨。食（幼寺）：食礼。有牲无酒叫做食。按：《飨礼》已佚。今《仪礼》有《燕礼》和《公食大夫礼》。飨礼、食礼所用之牲皆太牢。

③乘禽：成双而群居的鸟。

行聘礼，上公使卿出聘用七个介，侯伯用五个介，子男用三个介，这样做的目的是为了分别尊卑。介一个接一个地传达聘君的话，这是因为君子不敢对自己所尊重的人有所简慢，这是最恭敬的表示。宾辞让三次然后才传达其君主的问候，推让三次然后进入庙门，揖拜三次然后走到台阶前，又推让了三次然后才登上阶，这是为了尽量表示尊敬与谦让。

　　主国国君派士在边境迎接来聘的使者，又派大夫在郊外慰劳他。君主又亲自在大门内拜迎，然后在庙中接受使者传达来聘之意，面朝北拜受使者带来的礼物，并拜谢对方君主特派使者前来聘问的盛情。这些都是为了表示敬让的意思。恭敬与谦让，是君子相互交往的态度。所以诸侯之间以恭敬谦让相互交往，就不会出现互相侵略欺凌的事了。

　　接待宾时，用卿做上傧，用大夫做承傧，用士做绍傧。行聘结束，主国的君主亲自执醴酒以礼宾。宾以个人身份会见主国的卿大夫，还要以个人身份拜见主国的君主。主国的君主又派卿致送大礼到宾馆，还要退还宾作为信物的圭璋，并赠给宾一束纺绸。主国的君主又以飨礼、食礼及燕礼接待宾，这样做都是为了表明宾主、君臣之间的道义。

　　所以天子对诸侯制订制度：诸侯每年派大夫互行小聘，三年派卿互行大聘，用礼来相互勉励。如果使者来聘问时，所行礼节有错误，那么主国的君主就不亲自对使者行飨食的礼，这样做的目的是为了使来聘的使者感到羞愧而勉励他改正。诸侯之间如果能用礼来相互勉励，那么对外就不会相互侵犯，对内也不会相互欺凌。这就是天子安抚诸侯，不用武力而诸侯自相匡正的工具。

　　用圭璋作聘，是表示重视礼；聘礼完毕后主国的君主把圭璋归还给宾，是表示轻视财物而重视礼的意思。诸侯之间如果能用轻财重礼的道理相互勉励，那么在他们的人民中就会兴起谦让的风气了。主国对待客人，不论入境或出境，都向客人致送三次米刍一类的物品，把大礼送到客人所住的馆舍，将五牢陈设在宾馆内，还要供给三十车米，三十车禾，刍薪粮草则又加倍，这些都陈列在宾馆的门外。又每日送家禽五双。而众介都有饩牢。在朝廷上举行食礼一次，飨礼二次；而在寝宫举行的燕礼，以及赏赐时新食

物就没有一定的次数了。这些都是为了表示重视礼。古时候使用财物，并不是都这样，但在聘礼中使用财物如此丰厚，是为了说明对礼极其恭敬和重视。能做到对礼极其恭敬重视，那么在国内就不会有君臣相欺凌，在国外就不会有诸侯相侵伐的事发生了。所以天子设立了这种制度，而诸侯都愿意尽力去推行了。

聘礼与射礼，是最大的礼。天刚亮就开始行礼，差不多快到中午了礼的程序才进行完毕，倘使不是坚强有力的人便行不了。所以坚强有力的人，才能行礼。酒冷了，人们即使口渴也不敢喝；脯醢干了，人们即使饥饿也不敢吃；太阳下山了，人们虽然疲倦了，但仍容貌严肃庄重，班列整齐，不敢有丝毫懈怠，而共同完成礼节，以此使君臣各安其位，父子相互亲爱，长幼和睦相处。这是一般的人所难以做到的，而君子却能做到，所以说君子有德行。

有德行就是有义，有义就是勇敢。所以勇敢之所以可贵，就贵在能树立正义。树立正义的可贵，就贵在他有德行。有德行之所以可贵，就贵在能行礼。所以说勇敢之所以可贵，就贵在能勇敢地行礼义。所以勇敢而又坚强有力的人，在天下安定的时候，就用在礼义的方面；在天下混乱的时候，就用在战争上以克敌制胜。能用在战争上以克敌制胜，那么就天下无敌；能用在礼义方面，那么天下就会和顺而安定

了。对外无敌手，国内又和顺安定，这就叫做盛德。所以贤明通达的先王这样看重勇敢与坚强有力。如果勇敢与坚强有力不用在礼义及战胜敌人上，而用在争强斗狠上，那就是作乱的人。国家实行的刑罚，所诛杀的正是这种作乱的人。如果能这样做，那么人民就会顺服安居，而国家也就可以得到安定了。

子贡向孔子请教说："为什么君子都看重玉而鄙贱似玉非玉的珉呢？是因为玉少而珉（mìn）多的缘故吗？"孔子回答说："并不是因为珉多，所以鄙贱它，玉少，所以看重它。那是因为以前君子将玉与美德相比。玉温润而有光泽，像仁者的德性；细致精密而坚实，像智者的德性；方正而不伤害别人，像义者的德性；珮玉垂而下坠，像君子谦恭有礼；敲击一下，发出清脆悠扬的声音，结束时则戛然而止像音乐一样优美动听；它身上的疵斑不会掩盖自身的光彩，自身的光彩也不会掩盖本身的疵斑，就像忠实正直的品性；它的颜色就像竹上的青色，光彩外发，而通达四旁，好像信实的德性，发自内心；它的光彩，如太阳旁边垂着的像虹一样的白气，因此像天一样有无所不覆的美德；它蕴藏在地下，但精气神采却呈现在山川之间，所以又像地一样有无所不载的美德；用圭璋作为朝聘时的信物，是因为玉有币帛所没有的美德。天下的人没有不看重玉的，这正如天下的人都尊重道一样。《诗经》说：'想念我那夫君啊，他性格温柔，就像玉一样。'所以君子都看重它。"

丧服四制

凡礼之大体，体天地，法四时，则阴阳，顺人情，故谓之礼。訾之者，是不知礼之所由生也。

夫礼，吉凶异道①，不得相干，取之阴阳也。丧有四制②，变而从宜，取之四时也。有恩、有理，有节、有权，取之人情也。恩者，仁也；理者，义也；节者，礼也；权者，知也。仁义礼知，人道具矣。

其恩厚者，其服重，故为父斩衰三年，以恩制者也。

门内之治，恩掩义；门外之治，义断恩。资于事父以事君，而敬同。贵贵尊尊，义之大者也。故为君亦斩衰三年，以义制者也。

三日而食，三月而沐，期而练，毁不灭性，不以死伤生也。丧不过三年，苴衰不补，坟墓不培。祥之日，鼓素琴，告民有终也，以节制者也。资于事父以事母，而爱同。天无二日，土无二王，国无二君，家无二尊，以一治之也。故父在，为母齐缞期者，见无二尊也。

杖者何也？爵也。三日授子杖，五日授大夫杖，七日授士杖。或曰儋主，或曰辅病。妇人、童子不杖，不能病也。百官备，百物具，不言而事行者，扶而起；言而后事行者，杖而起；身自执事而后行者，面垢而已。秃者不髽，伛者不袒，跛者不踊，老病不止酒肉。凡此八者，以权制者也。

始死，三日不怠，三月不解，期悲哀，三年忧，恩之杀也。圣人因杀以制节，此丧之所以三年，贤者不得过，不肖者不得不及。此丧之中庸也，王者之所常行也。《书》曰："高宗谅暗，三年不言。"善之也。王者莫不行此礼，何以独善之也？曰：高宗者，武丁；武丁者，殷之贤王也，继世即位，而慈良于丧。当此之时，殷衰而复兴，礼废而复起，故善之。善之，故载之《书》中而高之，故谓之"高宗"。三年之丧，君不言，《书》云"高宗谅暗，三年不言"，此之谓也。然而曰"言不文"者，谓臣下也。

礼：斩衰之丧，"唯"而不对；齐缞之丧，对而不言；大功之丧，言而不议；缌、小功之丧，议而不及乐。父母之丧，衰、冠绳缨，菅屦；三日而食粥，三月而沐，期十三月而练冠，三年而祥。比终兹三节者，仁者可以观其爱焉，知者可以观其理焉，强者可以观其志焉。礼以治之，义以正之。孝子、弟弟、贞妇，皆可得而察焉。

注释

①吉凶异道：孙希旦说："居丧之衣服、容貌、饮食、居处皆与吉时不同。"

②丧有四制：从人情上来说，就是感情、理智、原则性、灵活性；从道德上来说，就是仁盗义、礼、智。

译文

凡是礼的大纲，都是依据天地，取法四季，效仿阴阳，顺应人情的，所以才叫做礼。那些诋毁礼的人，是因为他们不知道礼是从哪里产生的。在礼中，吉礼与凶礼各不相同、互不牵连，这是取法阴阳互不相干而设置的。丧服有四种原则，根据亲疏关系变通而用最适合的丧期，这是取法一年有四季而制定的。四种原则，有恩情的原则，有义理的原则，有节限的原则，有变通的原则，这是从人情上考虑的。有恩情，是仁的表现；有义理，是义的表现；有节限，是知礼的表现；有变通，是智的表现。有仁义礼智，人类的道德就都完备了。

对自己恩情深厚的人，为他服重丧，所以为父亲服斩衰三年，这是从恩情上来规定的。在有血缘关系的族人中，恩情的因素掩盖了义理的因素；在社会关系中，义理的因素制约了恩情因素。用对待父亲的礼来对待君主，并且保持同样的敬意。敬重高贵，尊崇长辈，这是义理中的重要方面，所以为君主也要服斩衰三年，这是从义理上来规定的。

亲人死丧，三天后才吃粥，三个月后才洗头，一年后举行小祥祭时才戴练冠，悲哀憔悴但不能危及生命，不能因为死者而伤害生存的人。守丧不能超过三年，丧服坏了不必修补，坟墓筑好后就不再加土。大祥的那天，可以弹奏未加漆饰的琴，用来告诉人们守丧结束了，这表示有一定的节制。用对待父亲的方式去对待母亲，并保持同样的厚爱，但是天上没有两个太阳，地上没有两个王，一国没有两个国君，一家也不能有两个家长，都由一人统一治理。所以父亲在世时，只为母亲服齐缞一周年，就是表明一家没有两个地位最尊的人。

丧棒有什么作用呢？其一是表示执丧棒人的爵位。国君死，第三天授给世子丧棒，第五天授给大夫，第七天授给士。其二是借用丧棒表明丧主的身份，其三是给众子扶持病体的。妇人、小孩不用丧棒，因为他们不须哀伤到成病的地步。王侯的丧事，各种办事人员齐备，各种器物齐全，不须丧主吩咐而事事都有人做，丧主可以悲哀到要人扶着才站得起来的程度；大夫、士的丧事，要丧主吩咐才有人去做，丧主只能悲哀到依靠丧棒自己能站起来的程度；庶人的丧事，要靠自己亲手去办理，丧主不能悲哀得要扶着丧棒才能行走，只要蓬头垢面有哀容就行了。还有，秃头的人就不须除冠用布条束发，驼背的人不须袒衣露体，跛子哭泣时不须跺脚，年老的或有病的人不须停食酒肉。这八种规定，都是依据变通的原则而定的。

孝子在亲人刚死的三天内哭泣不停，三月之内哭泣仍不懈怠，过了一年还很悲哀，到了第三年，心中仍有忧伤，对亲人的感情逐渐淡薄。圣人便依感情逐渐淡薄的原则加以节制，这就是要守丧三年。这

个限度，孝心再重的人也不准超过，忤逆不肖的人也不准达不到限度，这是丧礼中折中的地方，历代君主也都是这样做的。《尚书·说命篇》说："殷高宗守丧住倚庐，三年没有过问政事"，这是赞美他。历代君王没有不行这个礼的，为什么唯独赞美他一个人呢？回答是：高宗就是武丁，武丁是殷代的贤明君主，他继承王位时就专心守丧。而正是在他执政的时候，殷族才由衰败转为兴盛，礼也由废弛转向盛行，所以要赞美他。因为赞美他就记载在《尚书》里以尊崇他，所以称他为"高宗"。守丧三年，国君不过问政事，而国家仍能安定，《尚书》所说"高宗谅阴，三年不言"，说的就是这种情形。然而《孝经·丧亲章》说："孝子为亲人守丧，说话不宜多加文饰"，那是针对臣下而说的。

礼的规定：服斩衰的人，只是"噫噫"地答应而不回答实际内容；服齐缞的人，虽可答话但不主动说话；服大功的人，可以跟人说话但不议论他事；服小功或缌麻的人，可以议论但不谈笑。为父母服丧，要穿有缞的麻衣，丧冠用绳子做帽带，脚穿菅草鞋，三天以后才开始吃粥，三月之后才洗头，满一年后的第十三个月才戴练过的麻布冠，满了两年举行了大祥祭以后才过正常生活。能够做完这三阶段的事的人，是仁者就可看到他的爱心，是智者就可看到他的理性，是强者就可看到他的毅力。用礼数来治理丧事，用道义来指导守丧的行动。是否是孝顺的儿子、仁爱的兄弟、贞节的妇女，都可以从中看出来。